Una vez alguien me dijo que sólo puedes valorar las cosas hasta después de haber pasado por las peores circunstancias. Si aplicamos ese dicho un momento para que "cosa" sustituya a cualquier palabra: persona, país, presidente, senador, perro, padre, hermano, amigo, carro, gobierno, Sistema Penal, patrulla fronteriza, leyes y... pero, espera, no seamos tan personales ni específicos. Por supuesto que una situación como el Huracán *Katrina* probó el valor de muchas de esas "cosas" y probó al país en gran parte. Desde luego, lo que pasó es trágico. El tiempo que tomó el gobierno para reaccionar fue tan calamitoso como el huracán en sí. No sabemos si los esfuerzos del gobierno van a ayudar a largo plazo. Los cuentos que salen de Nueva Orleáns sobre lo que pasó durante el huracán son tan terribles que parecen pesadillas: muchas personas con capacidades diferentes, por ejemplo, recibieron disparos en la espalda por parte de la policía, además, personal médico mató a pacientes porque en el momento no se creían capaces de moverles a otro sitio durante el huracán.

¿Y qué tal el *tsunami* en Indonesia? Eso probó a todo el mundo la verdadera enormidad de la destrucción: 300 mil muertos o desaparecidos –"desaparecidos" actualmente quiere decir muertos–. Millones de damnificados con todo en sus vidas roto: hogar, trabajo y familia. ¿Y cuál fue nuestra respuesta? Estados Unidos mandó a su ejército como si fuera una fuerza de ayuda humanitaria; hacerlo fue un esfuerzo tremendo, pero parecía que sólo queríamos entrar en un juego de quién es el mejor en el mundo, como si estuviéramos compitiendo contra Europa y otros países.

Creo que a pesar de "todo lo que hicimos" allí, todavía falta mucho por hacer para esa gente. Trabajo que no se hizo porque muchos de los contratos de "ayuda" se adjudicaron a diversas compañías sin concurso de por medio. El gobierno simplemente les regaló los contratos, sin licitación de por medio. Parte de la ayuda que fue destinada a Indonesia, por ejemplo, fue robada o malgastada por un manojo de individuos que utilizaron el dinero o "la ayuda" para sus propios bienes o negocios.

¿Cómo rectificamos ante esta corrupción, especialmente cuando es tan prolífica, y donde existe una multitud de personas involucradas además de que la cantidad de dinero que se invierte es tan grande que nadie podría rastrearlo todo? ¿Cómo mantener el control sobre tractores –que fueron regalados a Indonesia después del *tsunami* pero se "perdió" la mitad y no saben en dónde están–, despensas, comida, ayuda médica, y toda clase de recursos que se requieren para ayudar a una comunidad después de un desastre natural? Para agravar el problema no hubo absolutamente nadie controlando o administrando el dinero que se otorgaba para esta causa. ¿Quién se lo quedó? En muchos casos, cuando pasa un desastre natural, no hay alguien que vigile a dónde se va el dinero. No hay comités ni nadie vigilando que el dinero llegue a su destino. Muchas veces simplemente se desvía por gente corrupta.

Hay una situación tan trágica como el huracán *Katrina* o el *tsunami*: es la que pasa todos los días en nuestro país, en nuestra frontera con México. Si toma en cuenta todo lo que acabo de decir sobre la "ayuda" del huracán *Katrina* o el *tsunami* y lo aplica al Sistema Penal, empieza a sonar aún más siniestro. La frontera y el Sistema Penal están enlazados en una relación perpetua. La sed incansable del Ministerio de Cárceles para obtener más dólares de impuestos federales y el tamaño de la frontera "chupan" un montón de dólares. La manera en que se usan estos dólares por el Sistema Penal y la frontera es un enorme crimen, increíblemente represivo contra las poblaciones que existen en ambos lados de la frontera.

El número de ilegales que detienen cada año es tan grande que jamás habrá espacio en las cárceles para todos. El Sistema Judicial ni siquiera puede procesar todos los casos. No hay ni tiempo ni recursos para procesar y encarcelar a todos. Habría tantos malos juicios simplemente por no atender el caso en el tiempo legal que todos los jurados, testigos, abogados, guardias, policías y agentes federales que se necesitarían para aplicar la ley en cada instancia con igualdad sería demasiado costoso. Es imposible. Como lo saben, utilizan sólo una fracción de los casos para mantener el sistema a su máxima capacidad. ¿Y el resto? ¡Olvídenlo! No los acusan de nada, ni les fichan cargos en contra. Pueden cruzar 100 veces y nada les pasa, a no ser una detención rápida y un viaje de regreso a México.

La cifra de gente detenida en la frontera por el gobierno no cuadra con la cantidad de casos que hay, ni con la de gente condenada por cometer crímenes en la frontera. Por lo que sé, el número se emplea para mantener la cotización en el presupuesto federal, con la finalidad de que de un año a otro no disminuya la cantidad de dinero que recibe cada agencia que está involucrada en procesar crímenes en la frontera.

Estamos hablando del Ministerio de Cárceles, el juzgado federal, los procuradores, defensores –y sus oficinas– y, que no se olvidé, La Migra. Ésta es una agencia enorme. De hecho La Migra es sólo una parte del sistema de protección de la frontera; así que cuando hablamos del dinero que se gasta en proteger la línea, estamos hablando de la Guardia Costera, Aduanas e Inmigración y la Patrulla Fronteriza. Cada cual tiene su propio presupuesto anual, que mantiene para hacer cuentas con el gobierno.

Cada una de estas instancias está debajo de una sola agencia suprema, que (se) hizo George Bush supuestamente para ahorrar dinero. En vez de eso, la Homeland Security –Seguridad Nacional– aumentó el gasto de dinero y sólo representa una agencia innecesaria más. ¡Podemos agradecerle a George Bush por esta nueva pantalla! Homeland Security es nuestra Gestapo –la creación de Hitler– hoy día. ¿Quién dijo que se murió el fascismo? Así que si alguna vez ve esos *jeeps* en Estados Unidos que dicen en sus puertas Federal Protective Services, puede saber que esos vehículos son de la Homeland Security.

Ésta no es nada más que un bufete federal alimentándose del dinero federal –los impuestos de todos–, instigado y orquestado por la familia Bush y sus porros. No había necesidad de crear otro nivel de gobierno. No había necesidad de empezar una guerra con Irak. Y hay poca necesidad de tener un Sistema Penal y Jurídico tan complejo como el nuestro. Pero la avaricia y arrogancia de la familia Bush y sus porros ha creado un país donde la gente es menos libre y el dinero está siendo utilizado para sus agendas personales. Y estos planes, no son buenos ni saludables para nosotros.

El Sistema Judicial estaba interviniendo en este bufete al impulsar la Procuraduría, desde hace 20 años, para permitir juicios de toda clase, con el objetivo de que fueran sólo los suficientes –pero no demasiados– para mantener los juzgados ocupados. Con éstos "chupando" los recursos del país, uno puede ver cómo se sincronizan entre sí, pero sin ser capaces de ver lo que la gente quiere y sin entender lo que significan los cambios en la economía global.

Acuérdense de un simple hecho: de los últimos años, sólo ocho hemos tenido un presidente democrático. El resto del tiempo el poder quedó en manos de los republicanos, quienes nos guiaron por un camino de egotismo, y egoísmo, dirigidos por unos "cristianos" soberbios. Son estos mismos, o al menos sus líderes, quienes muchas veces caen en esas "trampas de amor" con menores de edad u otra clase de dominio sobre alguien. Combine esta actitud con una política exterior que busca el dominio sobre otras naciones y que, cuando no puede dominar, trata de cambiar el gobierno del otro país para que a final de cuentas acepte lo que queremos, tal como va a pasar con Pemex.

El trato ya está hecho. La compañía Halliburton ha invertido mucho dinero en este proceso y quiere quedarse con Pemex como su mascota preferida, "chupándo" el petróleo para enviarlo a refinerías en Texas sólo para revenderlo a México una vez refinado. Por eso Estados Unidos se enoja con Hugo Chávez, porque no se deja manipular. Mientras tanto, él sí vende el petróleo refinado a su gente por un precio ridículo de dos bolívares por litro o algo así.

Miremos el caso de Irak: Sadam Hussein no tenía armas de destrucción masiva. No tenía siquiera contacto con Osama Bin Laden, como se dio a conocer para justificar la invasión. ¿Qué tal si Estados Unidos hubiera invadido México porque sospechaba que Calderón estaba hablando con Osama en secreto?

Son estos actos y políticas de dominio global los que, combinados con una política interna, constituyen la misma clase de fascismo que supuestamente vencimos en la Segunda Guerra Mundial.

Hoy los problemas de la frontera son tan grandes y diversos que no es posible que un político diga que basta con poner un muro y ya. Para empezar, no están construyendo el muro en donde la mayoría de la gente pasa la frontera. Están poniendo el muro en áreas muy remotas, donde no hay nadie intentando cruzar. Y van a gastar 10 mil millones de pesos en ese muro. ¿El efecto? Ninguno. ¿Por qué? Sólo hay que preguntar quien recibió el contrato para construirlo; allí está la respuesta.

Lo mismo en Irak: desde que empezó la guerra Estados Unidos ha gastado 4 mil millones de dólares al mes. La mitad de este gasto, el gobierno dice no saber a dónde va. Pero compañías como Halliburton están allí aprovechando el dinero, o el equipo que se compró con éste. Luego lo revende a alguien o quién sabe. Seguro que el dinero no llega a donde debe de llegar.

Otros dicen que debemos mandar a la Guardia Nacional a proteger la frontera. Pero esto también es una propuesta tonta. La Guardia Nacional es la reserva que siempre está al interior por si a caso alguien intentara invadir. Pero ahora están a punto de mandarla a Irak o Afganistán, o a la próxima guerra –Irán. Entonces, usar a la Guardia Nacional para proteger la frontera no es posible.

Otros dicen que a quien intente cruzar la frontera se le debe clasificar como criminal con antecedentes penales federales. Eso también es ridículo. Algunos más dicen que México debería cuidar mejor a su pueblo. Por ejemplo, ¿donde está la clase media en México? No hay. Pero no sólo es culpa de dicho país. Hoy o eres super rico o super pobre en México. Si eres ultra rico es muy fácil que te den una visa de turista porque Estados Unidos no teme que te vayas a quedar demasiado tiempo, porque eres rico y tu base de poder está en México. Si eres pobre, no hay la menor posibilidad de que te den una visa. Hay gente que vive en la frontera que sí tiene visa de trabajo para laborar en el sector de servicios en ciudades como San Diego, El Paso, Brownsville, etc., pero esos trabajos sólo están ahí justamente, en la frontera. Hay muchas restricciones sobre esas visas también; por ejemplo, no puedes viajar más adentro del país, pues si lo haces cometes una violación de la visa y te la quitan.

Pero estas visas y quienes las tienen no son el problema. Tampoco el problema es la falta de una clase media en México, nada de eso. Se dijo que el Tratado de Libre Comercio de América del Norte (TLCAN, conocido también como TLC o como NAFTA, siglas en inglés de North American Free Trade Agreement) iba a ayudar a México al fortalecer a la clase media. Pero ese no fue el resultado del TLC, ni nada semejante, aunque es cierto que muchas empresas se fueron al sur de la frontera y crearon empleos del lado mexicano para sacar partido de la reducción de costos, ya que la mano de obra es mucho más barata ahí que en Estados Unidos y no hay tantas restricciones por leyes medioambientales. La intención de crear estos empleos para aprovechar un mercado laboral barato explica por qué el TLC nunca tuvo como propósito la creación o mantenimiento de una clase media en México. ¿Quién de la clase media, de la poca que hay, va a trabajar en una maquiladora?

El TLC en general era un mal negocio para el pueblo de México, y lo sigue siendo; es un también mal acuerdo para el trabajador estadounidense, que perdió su trabajo. Los cierres de fábricas en Estados Unidos trajeron alegría a los empresarios, quienes ahorraron un montón de dinero al cerrar allí y abrir justo al otro lado de la frontera, pero no trajo alegría al trabajador.

El TLC, aunado a la ausencia de una clase media en México, no son las únicas causas del problema en la frontera. Si no es culpa de México el no haber creado y apoyado una clase media, y si no es solamente resultado de un mal acuerdo como el TLC, ¿entonces a qué se debe? Habrá quien diga que el problema fronterizo se debe a la criminalización de las drogas o a la pobreza extrema, al poder y cómo unos cuantos lo utilizan para aprovecharse de gente que está pasando por una mala racha en su vida, gente que se sentía sin más opción que la de cometer un "crimen". Este libro trata, precisamente, sobre esa cínica sociedad que permite que pasen estas cosas sin hacer nada, sin manifestarse en contra de la merma de sus derechos y libertades civiles, cobijadas por una constitución que ni el propio gobierno apoya y mucho menos respeta. El TLC y la idea de que México debe cuidar mejor a su gente son resultado de una situación que no tiene más razón para su existencia que la generada por la tonta convicción –incentivada por el propio gobierno estadunidense de que necesitamos al Sistema Judicial y Penal.

Mucha gente llega a la "tierra de las oportunidades" sólo para quedar esposada y relegada en una prisión. ¿Qué les pasa ahí? ¿Por qué sólo a algunos? Unos llegan para trabajar en el campo y asegurar así que hay comida para su gente, o hacen otros trabajos igual de básicos y por muy poco pago. De alguna manera, un sistema arbitrario ha sido construido para determinar quiénes son los que no valen. Este sistema determina qué humanos son legales o ilegales.

El cuento que están a punto de leer es sobre un hombre que tuvo un breve encuentro (relativamente breve) con uno de los "secretos a voces", de los grandes y feos del país, del cual el gobierno no quiere que estés enterado o hables: Inmigración. Por lo menos, no quiere que cuestiones su actuación o el manejo que hace de este tema. Lo poco que sí se platica en la prensa siempre está relacionado con el potencial impacto económico que tiene el cruzar la frontera. Nunca se habla del origen o efecto que tiene a nivel humano.

Las vinculaciones entre el Ministerio de Cárceles, la frontera y el Sistema Judicial forman un Triunvirato, el cual está encabezado por el distrito sur de California. San Diego y la Corte

Novena Federal en particular y la frontera en general son el punto de enfoque. Hay más casos registrados y tratados ahí en San Diego y la frontera que en cualquier otra parte del país. Es entendible entonces que la cantidad de dólares federales que se gasta ahí tiene que ser enorme, más que en cualquier otro lado del Sistema Judicial Federal. Hay millones de dólares que se gastan en denunciar, condenar y encarcelar a nuestros pobres trabajadores, los más pobres y desamparados de México y, en general, del país. ¿Estamos ayudando a alguien con todo esto? ¿O es que nuestro país está atrapado en un ciclo de tonterías judiciales que sólo se podría llamar neo-fascismo?

Por esta razón escribí las presentes líneas, para combatir el neo-fascismo que tiene preso a este mundo, principalmente a mi país. Yo, igual que muchos de mis paisanos, vivía por debajo de lo que el gobierno federal indica como el umbral de la pobreza. Cuando me faltaba o necesitaba algo, mi gobierno no estaba allí para mí. Los ricos dirán que no debemos necesitar de nadie. Me temo que pronto van a descubrir que eso es una mentira, ¡o ya lo han descubierto! Eso de que no debes necesitar a nadie es simplemente incorrecto. Todos nosotros nos necesitamos uno al otro, aún en lo más indirecto. El simple acto de comprar pan implica una cadena de acciones sin la cual la gente no lo tendría: el agricultor para cultivar el trigo, alguien para cosecharlo, transportarlo, molerlo para hacer harina y mandar esa harina a una panadería y por fin alguien para hornear el pan. Otra vez, alguien que lo transporte a la tienda para que finalmente alguien lo venda. Así que todos nos necesitamos. Todos nosotros tenemos y tomamos un papel esencial en esta vida.

Tengo un título universitario. Estoy escandalizado y mi voz es mi única arma. Una arma más sencilla que muchas otras. Una voz que otros no tienen porque nunca fueron a la escuela y no saben cómo explicar lo que les está pasando, por no saber las palabras adecuadas. O simplemente no pueden leer ni escribir, o no saben inglés (si están en mi país) lo suficiente para explicarse. Este es un libro de cuentos, de voces que jamás escucharán. Esas voces han sido silenciadas o desde el principio nunca se permitió escucharlas. Todos los cuentos son diferentes, pero son en esencia lo mismo. Todos reflejan el problema que representa la frontera.

La gente que sufre y vive sin cubrir las necesidades básicas siempre se sentirá forzada a hacer actos desesperados para procurar su sobrevivencia. Sencillamente es un instinto básico de todos los seres vivientes en esta Tierra. Para la gente de México que vive en la pobreza, ante todo, cruzar la frontera para encontrar esa "mejor" calidad de vida –que es el orgullo de mi país– es simplemente un acto de auto preservación.

Es natural que un país quiera proteger sus fronteras, pero aquí se hace bajo una idea arbitraria. ¿Por qué dejar cruzar a algunos y a otros no? Si todos son iguales bajo la ley, ¿cómo es que algunos sí y otros no? Pero el problema es que tampoco es una idea tan arbitraria. Mi país necesita, más de lo que podemos imaginar, a la gente a la que supuestamente tratamos de contener con la construcción del muro.

Crucé la frontera como uno de los desamparados de mi país; esta historia es una pieza más para completar el *puzzle* de la frontera. Nos estamos olvidando de nuestros deberes como seres humanos. Estamos permitiendo que haya gente tan lastimada en nuestras sociedades, tan perdida, que creen que no hay nadie ni nada que les pueda ayudar, y entonces cometen un crimen o un delito.

Hay gente que está presa por razones absurdas; sólo ocupan lugares en las prisiones, y mucho dinero. Miles de millones de dólares atascados en el Sistema Penal. Dinero que podría ser mejor utilizado en otras cosas, como salud pública y educación pero, en vez de eso, se destina para enjuiciar y condenar a gente que sólo quiere vivir mejor, dispuesta a arriesgar todo, cualquier cosa, para lograrlo. No importa el peligro; algunas personas cruzan acostadas encima del motor del carro que los lleva. Y en la mayoría de los casos es para conseguir un trabajo "chafa" en Los Ángeles, como trapear los suelos de los ricos o lavar sus platos por ocho dólares la hora.

Estos cuentos son de personas dispuestas a dejar de ver a sus familias, que están ahí para poder mandar unas pocas remesas para que su gente –esposa, hijos, madre, etc.– disponga de lo necesario, lo que no han podido obtener en su país. También hay historias de hombres que Estados Unidos ha olvidado y ha tirado la llave en la basura. Esta no es una historia de terroristas, porque los terroristas tienen tanto miedo de sí mismos que no podría poner ese título en cualquier otro. Si vives en la frontera un ratito verás. Quienes hablan de captura y de encarcelar a los malos muchas veces están hablando de sí mismos. El problema de la frontera podría ser la cuestión que uniera a los dos pueblos para alzarse en contra de un mal gobierno, para buscar finalmente una solución adecuada. Porque, después de todo, todo es posible.

Los asuntos de la frontera deben ser recuerdos constantes de una discriminación contra una raza, como sucede con los afroamericanos. Los trabajadores ilegales de México han desplazado a muchos trabajadores afroamericanos durante décadas. Y cuando no los desplazó el trabajador mexicano, rebajó el sueldo por competencia. También, hoy día, muchos patrones republicanos prefieren a trabajadores ilegales porque en general no pueden hablar inglés y, al ser ilegal, no tienen derechos, entonces no se pueden rebelar contra un mal patrón o ante una injusticia laboral. No les otorgan las prestaciones mínimas y así ahorran mucho dinero al contratar a un ilegal. Si uno de ellos intentara exigir algo, le correrían no sólo de su trabajo, sino también del país.

Con esa clase de relación patronal, en la que pueden ejercer tanto control sobre su trabajador ilegal, ¿para qué necesitan contratar a un afroamericano o a un güero con derechos? Les va a costar más dinero y le pedirán tres dólares más por hora. Este es el punto de vista de los que controlan. Y cuando miramos a la frontera para preguntar por qué alguna gente suele pasar sin problema y otra no, empezamos a entender que representa una lección grande para todos nosotros.

¿Quiénes son los que están intentando entrar en el país ilegalmente por la frontera con México?

¿Qué están intentando traer consigo? Porque, quienes sean, en gran parte lo tienen muy fácil. Porque al final de cuentas si sólo contamos con la población ilegal de México, son ocho millones de ilegales. Entonces, ¿a quién están agarrando en la frontera? ¿Cojos, enfermos, descerebrados o fuera de forma física? Madres con niños o simplemente los que tuvieron mala suerte o a quienes traicionaron. Nunca escucharás que agarraron a los *meros meros* "padrinos" al cruzar la frontera, porque no necesitan y no quieren cruzar la frontera.

¿Terroristas? Tendrían que estar bromeando o alucinando al pensar que un Talibán o uno de Al Qaeda quiere entrar al país por México. Los fuertes, determinados y muchas veces usados que no agarraron en la frontera son los otros ocho millones que viven en Estados Unidos actualmente. En este mismo momento están trabajando para prestar algún servicio o haciendo algún producto que la gente de ahí quiere comprar barato. Su labor les permite mandar dinero a casa, a sus familias, para que ellos puedan simplemente vivir una vida pobre en comparación con la vida en Estados Unidos.

Estás a punto de leer una historia del porqué los derechistas no tienen ninguna razón para condenar a nadie. Las pocas "manzanas podridas" que se puede encontrar en cualquier sociedad, y la voluntad de los trabajadores de Latinoamérica, son los chivos expiatorios del gobierno de Estados Unidos. ¿Por qué se permite? ¿Por qué no estamos enojados con el gobierno a pesar de que está gastando mucho dinero en prevenir que gente con necesidad llegan al país y son tratados como criminales, cuando ni siquiera tenemos los recursos para enfocarlos en la salud y educación de nuestros hijos?

Estos cuentos demuestran por qué los políticos no quieren cambiar la frontera ni las leyes de inmigración. Y también por qué se toman diferentes posturas en la capital con respecto a este asunto. Todo debido a una agenda personal y "secreta" de cómo manejar la frontera para ganar mucho dinero. La realidad es que nunca harán nada bueno y congruente al respecto, a no ser discursos en tiempos electorales. Especialmente los republicanos, los ultraderechistas, cada rato dicen que están en contra del matrimonio gay, el abuso sexual de niños o las drogas. Y en estos últimos años al menos un republicano de alto rango ha caído cada mes por algún escándalo sexual con niños o drogas o estafa de dinero o una relación homosexual. A través de estos cuentos podrán ver cómo son estos políticos en realidad, si es que todavía no les ha caído el veinte.

Se puede reducir todo a una única razón por la cual existe la frontera hoy día: dinero. Le llaman "puerco" en la capital, "lana" en español y tiene muchas más referencias; tal como afecta a todas partes del país y el gobierno, el dinero influye en la frontera y en la política fronteriza. La frontera, entonces, representa comercio e impuestos. Las tarifas e impuestos son recolectados de los negocios legítimos. Los sobornos –porque los hay al igual que en México– son recolectados de los negocios no legítimos. Ahora piensen en todo el dinero que gasta el gobierno federal para encarcelar a la gente que agarra en la frontera, lo que representa la mitad de todos los dólares federales del presupuesto anual que se gasta en el Sistema Penal de Estados Unidos.

Ahora añade el monto total de jueces, procuradores federales, defensores, fiscales, reporteros de la corte, mariscales del juzgado, agentes federales, FBI y demás que son utilizados en la captura de indocumentados y otros individuos. Mariscales federales para transportar indocumentados de una prisión estatal a una federal, por ejemplo. Tal vez agarran a alguien manejando bajo la influencia del alcohol, pero el Estado no tiene cómo comprobarlo; después de haberle agarrado y metido en la cárcel por un rato, cuando se dan cuenta que no cometió el crimen, el indocumentado todavía sigue siendo ilegal y el Estado no quiere pagar por esa persona. Entonces llama a la migra. Allí entra el mariscal federal. Mandan por esos mariscales y ellos llevan a los ilegales a la Prisión Federal. Muchas veces, si es justo al lado de la frontera, ni siquiera son prisiones, son campos de detención o internamiento.

Y ahí no se les ofrece ni se les otorgan los derechos que se supone acordó Estados Unidos con la Convención de Ginebra. Ni abogado para su proceso o procesamiento. Sólo le detienen, sacan sus huellas y nombre y después le regresan al otro lado, a México otra vez. A veces pasa al revés y depositan a uno en la "pinta federal" sin buena causa. En ese caso el problema es peor.

Para todo este procedimiento hay personal necesario "para que funcione la justicia": los defensores, sus secretarias y hasta investigadores privados. Todo esto cuesta y si se juntara dicho costo con lo que simplemente cuesta mantener a un indocumentado preso, verían que es astronómico. Es un gasto innecesario y asqueroso del dinero del pueblo, de sus impuestos. No sólo quienes pagan impuestos cubren ese monto; las familias de los indocumentados encarcelados pagan también en forma de multas, clausuras y embargos de propiedades y pertenencias que pierden cuando los agarran una vez y a veces antes de que les condenen a la prisión formal.

Así que esas familias pobres aportan una carga financiera adicional que no tienen. Es dinero que se recolecta a fuerzas, brutalmente por parte del juzgado y sus policías; es dinero que el gobierno gasta tontamente, como en guerras inútiles, contratos con compañías como Halliburton, donde el dinero se desvanece y nunca se recupera ni se sabe a dónde fue ni su supuesto destino. Por ejemplo, en la guerra de Irak, desde el 2003 el gobierno federal ha gastado 4 mil millones de dólares al mes, la mitad del cual no se puede ni contar a dónde fue. 2 mil millones de dólares al mes perdidos. ¡Eso es imposible!

Si pierdo 50 pesos de mi bolsillo, pasa, pero ¿cómo se pierde 2 mil millones al mes? Y este dinero se utiliza para lastimar a millones de personas diariamente en casi todas partes del mundo. Ricos y pobres. Si preguntan a la Oficina General de Contabilidad del gobierno federal de Estados Unidos, les darían una cifra u otra de su presupuesto, siempre encubriendo su estado verdadero, presentando sólo una parte de la información, basado en una interpretación del presupuesto y cómo mirarlo. Pero lo que sucede es que no importa cómo lo examines ni tampoco importa la cantidad exacta porque, además, ¡es tan grande! Todo es un desgaste innecesario.

La frontera es solamente una pantalla prefabricada entre muchas otras diseñadas para enriquecer a los ricos y empobrecer a los pobres aún más. Este es el cuento de los pobres, los ilegales, los olvidados, pero también de las generaciones de jóvenes mal usados y abusados en nuestro país, quienes volvieron a ser los desamparados, gente de la calle o "surfeadores de sofás" que en un momento de desesperación "contribuyen" a la frontera. Gente que nuestra sociedad, individuos, gobierno y sociedades anónimas ha olvidado.

Al principio, cuando me agarraron, tenía la visión que obtuve de la tele o algo así. Quise contarle al juez mi historia personal completa, cómo veía el asunto de la frontera, esperando que me entendiera, que fuera uno de esos conservadores con compasión, pero mi abogado me dijo que no lo hiciera: "nunca debes intentar recordarles a los republicanos dicha situación, odian acordarse de eso y te tiran el libro en la cara. Y además escucharte por largo tiempo le va a desesperar, lo va a ver como un desgaste de su tiempo, él tiene otras cosas que hacer." No lo hice pero, de cualquier manera, en poco tiempo me tiraron el libro en la cara simplemente por ser quien soy. Es cierto lo que dicen: los republicanos fueron por ahí en estas últimas elecciones diciendo que eran conservadores con compasión y que se votara por ellos.

En mi mente hay dos tipos básicos de crímenes o delitos: de necesidad y de avaricia. Por ejemplo, Kenneth Lay, el ahora difunto ex presidente de la compañía Enron, cometió un crimen de pura avaricia. No necesitaba más dinero, no carecía de nada. Él estaba un día sentado en el salón de su casa multimillonaria buscando la manera de cómo transar miles de millones de dólares de millones de personas. Y así como él hay muchos egoístas más, siempre buscando la manera de transar el poco dinero que ganan los demás.

¿Que había hecho yo? Había intentado traer a una mexicana de Tijuana a San Diego, para que pudiera proveer a mi familia y ella a la suya. Mi crimen, en comparación con el de Kenneth Lay, es muy distinto. El crimen de Kenneth Lay afectó a millones, robándoles mucho dinero y dejándoles sin nada. Mi crimen sólo me afectó a mí y a mi familia (porque sufrieron cuando me fui a la cárcel).

El crimen de la mujer mexicana fue querer cruzar para buscar una mejor calidad de vida, para ella y para su familia. Había tomado la decisión de ponerse en una situación riesgosa para que pudiera estar con su esposo. Ella se había puesto deliberadamente encima del motor de una Plymouth Caravan para cruzar la frontera sin ser detectada. Le llamaban La Valienta. Y lo era. Con sólo una manta cubierta para evitar el calor del motor, intentamos cruzar. Fracasamos.

La frontera entre Tijuana y San Diego es la línea con más tráfico en todo el mundo. Sólo por su volumen de tráfico se convierte en la zona más difícil para mantener su seguridad. Pero ahora tienen cámaras nuevas, muy sofisticadas, que detectan todo, desde drogas hasta el calor que emite un cuerpo humano escondido en algún lado de cualquier vehículo. Me gustaría llamarle una "pistola de espectrografía" o algo así. Entonces, ahora hay que incluir el costo de equipos nuevos muy avanzados tecnológicamente al presupuesto federal, y el monto total sube. Y en la mayoría de los casos sólo para capturar a un "pescadito", que no tiene tanto impacto en la sociedad en comparación con criminales como Kenneth Lay. Como digo, hombres como él, han estafado miles de millones de dólares a millones de individuos.

¿Pero La Valienta y yo? Nosotros habíamos cometido crímenes por necesidad, por querer una mejor calidad de vida. Aunque el Juez y el Fiscal quieren convencernos de que el pueblo estadounidense fue la victima de mí crimen, no comparto esa opinión. Para el juez yo soy sólo un criminal y la mujer una indocumentada. Yo crucé la frontera con una mujer encima del motor de un vehículo. Ambos sólo estábamos buscando cómo tener una mejor calidad de vida. De diferentes maneras intentamos sobrevivir, nada más, pero el juez nunca lo entenderá así. Por lo que tuve que entrar al Mundo de Oz. La cárcel es chida, ¿sabes? MTV tiene un programa sobre el tema. Bienvenido a MCC San Diego. Bienvenido a la realidad del Sistema Penal de Estados Unidos.

Estaba callado en Rango 8. En el séptimo piso de MCC, la unidad donde te ponen antes de un juicio. MCC, Metropolitan Correction Center, tiene más o menos 20 pisos. Es el sitio federal principal para internados que están en espera de su juicio y se quedan allí porque no tienen el dinero para salir bajo fianza. El edificio se impone a otro edificio federal, en frente, el juzgado. Podría ser el caso de que la única razón por la que existe el centro de San Diego es por la existencia de estos dos edificios. Alrededor de éstos hay toda clase de negocios, casas de empeño, casas de fianzas, restaurantes, cafés, cinema, todo para dar servicio a esa actividad jurídica. Lo digo así porque nomás en cinco cuadras de esa zona rica hay una cantidad incalculable de desamparados. No eran parte de esa riqueza jurídica, eran sus víctimas.

Hay también una estación de camiones y un banco que cercan a estos dos edificios, pero MCC es una torre de concreto con pequeños hoyos imponiéndose en la escena.

El lugar era un poco confuso porque la mayor parte del edificio tiene dos niveles en cada piso. El séptimo piso era de población general, con 200 personas divididas en ocho rangos o "ranchos", como se dice en español; cada rancho tenía entre 25 a 32 hombres, dependiendo de quienes se iba o venía de su juicio. El concepto original del diseño de este edificio, de los años setenta, tenía calculado ocho internados por cada rancho; esto es un ejemplo perfecto de la sobrepoblación del Sistema Penal; 32 personas en el espacio que fue pensado para ocho. Este escenario se repite a través de todo el Sistema, hasta en el caso del aislamiento, que ni siquiera se debe llamar así, porque en ficho espacio ponen a cinco, para hacerlos sufrir.

El gobierno utiliza el asunto de la sobrepoblación como su muy pobre excusa porque necesita construir más y más prisiones, en vez de simplemente cambiar su manera de castigar los crímenes. Hacen todo y gastan el dinero en una dirección equivocada. Es justo en esa dirección en la que MCC estaba dirigiéndose aproximadamente desde 1988.

El séptimo piso es donde estaban todos los internos en proceso. Cuando llegas como nuevo interno, te dan la cama de arriba de la litera y tal vez un *locker*, si hay disponible. Si tienes una condición médica o problema de salud, que se pudiera comprobar en el servicio médico de la cárcel, te salvabas de subir a la cama de arriba porque te autorizaban la cama de abajo. En todo caso, ser viejo no se consideraba una excusa para darle una cama abajo. Pero los internos acordaron que si algún viejo llegaba y si realmente necesitaba la cama de abajo, alguien hacía el favor de desocuparla para que pudiera usarla. Y eso cruzaba las líneas raciales. Los internos colaboran para ayudar a los ancianos.

Podrías estar en el séptimo piso en MCC por dos años esperando tu juicio y nunca ser movido, y podrías volverte loco ahí y todavía no irías a juicio. ¿Qué tal si fueras inocente? Muchos hombres, cuando cometen un error, pisan el suelo de una cárcel por lo menos por un día, mientras están esperando salir bajo fianza; pero hay hombres, como el representante de la ciudad de San Diego, quien nunca piso el suelo de una cárcel del Sistema Penal cuando fueron arrestados y acusados de sus crímenes.

Otros hombres, como Kenneth Lay, se quedan afuera, bajo fianza, aún después de que han sido condenados y sentenciados; mientras tanto, la mayoría de los internos "de la masa" que han sido sentenciados tienen que esperar su apelación detrás de las rejas, hasta que haya un veredicto. Es una posición muy desventajosa en la que te encuentras mientras intentas resolver tu caso: no puedes hablar con tu abogado cuando lo necesitas y estás aislado de todos los recursos de los cuales normalmente dispondrías.

Entonces, ¿por qué algunos hombres como Kenneth Lay tienen toda la "suerte"? Y ¿por qué el gobierno les deja salir ilesos y a otros no? ¿Por qué la sociedad deja a todos esos actores salir ilesos de todo? Realmente no hay una respuesta fácil o solución cierta y única. Pero el hecho de que no podamos encontrar esa respuesta universal no quiere decir que no podemos hacer algo diferente de lo que está pasando.

Desde luego las sentencias muy largas para cierta gente no es correcto pero, ¿dónde pones el límite?, ¿por qué a una persona, como yo por ejemplo, se le da una sentencia más fuerte que a otro como Martha Stewart? ¿Cuál es la fórmula con la cual el juzgado y los jueces están midiendo las sentencias que proporcionan a la gente que les llaman criminales?

Las moralejas que encuentre en este libro son una muestra de y cómo están destruyendo, no construyendo, nuestro país. Todos estos cuentos son verdaderos y cada uno representa una forma de cómo la sociedad ha impactado y está impactando a individuos. La conclusión moral no siempre la presento, está en usted, lector.

Desde afuera jamás pensaría que existen enseñanzas en la cárcel. Adentro de una prisión las lecciones pueden ser extremas. Los internos en gran parte respetan a los mayores de edad. Intentan hacer su situación lo más cómoda o, mejor dicho, lo menos cruel posible. En cambio, desprecian a los violadores de niños, por ejemplo; incluso la tendencia es infligir más castigo, porque muchos tienen hijos que aman y no quieren pensar que sus hijos podrían estar en una situación de esas. Las lecciones, como he dicho, son extremas en la prisión: si intentas mentirle a alguien no será mucho, porque te descubren; los confines de la cárcel son tales que al fin y al cabo en poco tiempo van a descubrir la verdad.

A cambio, en la sociedad en general puede pasar mucho tiempo antes de que la Justicia se aplique para alguien que ha roto la ley. Las consecuencias de tus acciones, una vez en la cárcel, se despachan rápidamente. Puede ser alguien del Sistema Penal, como un guardia u otro administrativo, u otro interno, pero la justicia dentro de la cárcel y entre internos es rápida.

Si llegas sin dinero, la prisión te da un cepillo de dientes, pasta, jabón y una máquina de afeitar de la peor calidad que te cortaría la cara en vez de quitarte la barba. De allí, cada cárcel federal es diferente y también la forma en que se maneja los contratos de servicios y alimentos varía de cárcel a cárcel.

En MCC por ejemplo, cada interno debía tener su propio rollo de papel higiénico, que le proporcionaban cada martes en la mañana. A cada interno le daban dos rollos a la semana, si es que a la administración no se le acababa el papel. Una vez sí se acabó antes de lo previsto y por cinco días, durante el día de la labor, en el primer fin de semana de septiembre del 2003. Si no tenías papel, tu suerte se había ido a la mierda y tenías que limpiarte con la regadera ¡por cinco días seguidos! Algunos abastecían rollos de papel para comprar cosas en la tienda de la cárcel. Cuando venían los guardias para hacer la cuenta, esculcaban los rollos y si te encontraban con más de dos te los confiscaban.

De aproximadamente 200 hombres en ese piso, 165 eran Mexicanos y 10 latinos o centroamericanos. Los 25 restantes éramos güeros, afro-americanos, coreanos, rusos y un par de colombianos muy amables. Las barreras de raza son ciertas y duras. En prisión te vas con tu gente. Si no, puedes causar problemas. Así funciona.

Yo tuve suerte. Siendo capaz de hablar inglés y español, tuve la oportunidad de tratar con casi todos grupos, sin problemas. Como era una unidad en la que nos encontrábamos quienes estábamos en proceso, nadie quiso problemas mientras se resolvía su caso. Entonces podías romper esa barrera sin mucho problema, porque no había ninguna política interna establecida, no se podía, pues todos sólo esperaban que se resolviera su caso. El hecho de ser bilingüe me protegió y me hizo ganar el respeto de muchos y hasta de algunos de los guardias.

Yo me convertí en el terapeuta de otros internos y escuchaba sus historias. En ese momento no me importaba quién era quién en ese lugar. El color de la piel tenía poca importancia para mí. Yo sólo quería salir de ahí. Me alegro de haberlos escuchados a todos. Sus historias representan los de muchos más, las cuales jamás se escucharán en público. En circunstancias diferentes, en distintos lugares, eran los mismos asuntos repitiéndose una vez tras otra. Alguien como yo, en un momento bajo, de mala suerte, tal vez sin nada porque perdió todo, y en un momento de desesperación, comete un error u otro: un chantaje para salir de un aprieto o el avaricioso que mencioné antes, buscando nuevas maneras de transarle a la gente su dinero. Todo crimen se reduce a una cosa: dinero o su falta. Punto.

Los tres rusos supuestamente no hablaban nada de inglés y lo disimulaban muy bien. Estaban en un barco pescador ruso por la costa de los Cabos y los agarraron con dos toneladas de coca o algo así. Eran muy reservados sobre su situación. Yo también. Ni hablar de la mafia rusa, es para otro libro. Sólo les digo que cuando iba a la biblioteca de derecho, dentro de la prisión, ellos siempre me pedían que llevara un mensaje o dos a otro interno de otro piso. Era un mensaje que tenía que esconder en mi cuerpo, porque antes de salir de la unidad te registraban, pero nunca me encontraron nada porque tenía mi sistema. No es que fuera muy inteligente, es que los guardias eran flojos y, en gran parte, tontos.

Como iba con frecuencia a la biblioteca, llegue a ser el mensajero para mucha gente y así subí, llegué a tener cierta importancia en el piso. Yo era un recurso para todos y por eso me respetaban y me daban ese "honor entre ladrones", como se dice.

Había cuatro o cinco afroamericanos en toda la unidad. En un momento llegó una estrella de rap, pero se fue casi enseguida, pues tenía dinero para pagar su fianza. No me acuerdo quién era porque, aunque la barrera racial no era tan fuerte ahí, no se permitía llegar a su mesa a preguntarle "eh vato, ¿qué transa?, a propósito ¿quién eres?"

Recuerdo haber hablado con un afroamericano que se llamaba Jack. Él vivía en la esquina del rango o "rancho" por un ratito. Me quiso dejar saber que él sí iba a ganar su caso. Todos dicen eso al principio. Él solía caminar entre las camas, dando vueltas diciéndonos lo último de su caso. Supuestamente le habían agarrado con 20 kilos de coca. Él decidió irse a juicio. Cuando llegó el día y su abogado pidió que el gobierno demostrara la evidencia ante el juzgado para que todos pudieran atestiguar, la DEA dijo que lamentablemente no pudo encontrar esos 20 kilos. Ni uno. De alguna manera, 20 kilos de coca se desaparecieron de la custodia del gobierno. !No un gramo, 20 kilos! El juez estaba muy enojado; el abogado de Jack, muy alegre; la DEA, desgraciada; y todos riéndose de la pendejada del gobierno cuando el juez declaró caso nulo. Después no vimos a Jack. Un guardia llegó por sus cosas, ni siquiera regresó él por sus propias cosas. No le culpo de no querer regresar a la unidad ni siquiera por un momento. Esas cosas como cepillo de dientes, rastrillos, etc., se podían encontrar afuera.

Lo que pasa es que la DEA nos demostró en ese caso cómo es de a de veras. Desafortunadamente estoy seguro de que su caso no es el único. ¿Cómo le explicas al juez que dejaste escapar a un narco grande porque tus propios agentes robaron la coca de la sala de evidencias? ¡Vaya! ¿Cómo lo explicas a tus superiores? Porque al final de cuentas alguien tuvo que explicarlo, a no ser que los propios superiores la robaron. En Estados Unidos eso es completamente posible.

Los coréanos eran dos. Ambos estaban allí por intentar ingresar al país de manera ilegal. Y se odiaban. Uno era del norte y el otro del sur. Lo que me dijeron es que el del sur, un tipo intelectual que portaba lentes, se había puesto de carácter altanero con el del norte, aunque éste último era mucho más grande. Por esa razón el coreano del norte lo odiaba.

Es interesante ver, a nivel individual, cómo reflejan la situación entre los dos países al otro lado el mar, tan lejos de su mundo.

El "bosque" es el apodo dado a los güeros, éramos entre 12 y 15 y definitivamente algunos tenían mucho miedo. Aunque afuera hay más gente güera que cualquier otro segmento racial o étnico de la sociedad, por el momento, adentro, éramos la minoría. A la mayoría de güeros los atrapa las circunstancias de la vida y debido a su pobreza o mala suerte acaban haciendo algo que normalmente no considerarían hacer: trabajar en la frontera como polleros o narcos.

El irlandés estaba divorciado y ésta era la segunda vez que lo habían agarrado intentando cruzar la frontera con coca. Desde su divorcio se le había pegado una mala suerte que no se podía quitar. Su ex ya le había quitado todo y todavía estaba pidiendo alimona. Entonces, para cumplir con todos estos deberes, tenía que intentar cruzar la frontera con drogas para pagar sus deudas, porque con un trabajo con una empresa con "buena reputación" ya no alcanzaba. Además nunca sería suficiente para pagar un abogado de divorcio, la mujer, los hijos y todavía tener lo necesario para rentar su propia casa y tener su propia vida. Menos en un lugar tan costoso como San Diego.

Supongo que si fueras un presidente o gerente o algo así de una de esas empresas grandes, ganando por lo menos 100 mil, entonces sí te alcanza el dinero sin tener que intentar cruzar la frontera con coca. ¿Pero qué tantos trabajos así de bien pagados existen? No muchos.

El irlandés sólo necesitaba un poco de ánimo en su vida, cuando se la pasaba un poco mal por su divorcio. Tal vez si hubiera existido algún grupo de apoyo como "el grupo de apoyo para hombres divorciados" o algo así, tal vez el irlandés no hubiera cometido tal crimen. Sólo necesitaba que alguien le validara su vida un poco. Caminaba por la unidad y por el rango o "rancho" buscando a alguien, cualquiera que le dijera que era chingón o excelente o grande o chido o bueno o una cosa u otra.

Si estabas hablando con alguien, te interrumpía para decirte que él podría hacer tal cosa mejor, cualquier cosa de la que estuvieras hablando en ese momento, él sabía hacerlo mejor que tú. Acabó aprendiendo como dibujar rosas en los sobres para las cartas de los demás a cambio de cosas en la tienda de la cárcel. Yo le encargué una para el cumpleaños de mi ex.

Pobre irlandés, su esposa le quito todo y la sociedad no le ayudó de ninguna manera; entonces sentía que la única cosa que le quedaba para rectificar la situación era cruzar la frontera con drogas.

Había uno que se llamaba Donovan. Era un alcohólico a sus cuarenta y tantos años con un negocio de jardinería. Él estaba allí por no haber pagado impuestos a Hacienda y por haber contratado a ilegales. Salió bajo fianza bastante rápido. Tenía un problema en la piel que surgió al llegar al MCC. Era como sarna, y no importó lo que hizo por mejorar: no se quitó. Ni con los medicamentos que le dieron en la clínica de la prisión. Nada. Me preguntó y le dije que era más probable algo que se relacionaba con el estrés y tan pronto como saliera se le quitaría. Le enseñé unas posturas de yoga y unos puntos de acupuntura para ayudarle. Eso le dio ánimo. Lo que pasa con él es curioso, porque supongo que la mitad de los que trabajan en la jardinería en toda la costa pacífica son latinos, y en gran parte ilegales. De alguna manera, fue la mala suerte, pues el Sistema le cayó encima ese año. Arbitrario.

Había un güero joven y *muy* racista. Le llamaban Carcass (que en inglés se utiliza para designar cualquier cadáver pudriéndose) porque siempre olía muy feo, como carne podrida. Cuando estás dejando de consumir la droga –metanfetamina, o *crack* o cristal–, tu cuerpo huele tan feo como la droga cuando está siendo procesada. Él sí estaba preocupado en hacer divisiones entre las razas. Cuando llegué, me preguntó de qué lado estaba. Se sentía amenazado por mi habilidad de hablar inglés y español perfectamente, tanto que me preguntó primero si era güero o no: "cuando las peleas empiezan entre las razas, ¿de qué lado vas a pelear?

–¡Uh!, pues tengo sólo un lado con quien peleo: el mío, güey.

–Bueno, vamos a ver cuánto tiempo dura eso– me dijo mientras empezaba a hacer unas lagartijas al estilo militar delante de mí, como para impresionarme.

Ese tipo representa cada parte del fracaso de nuestra sociedad. Analfabeto, ignorante, lleno de odio y racista. ¿Cómo es que siendo "el mejor país", el más potente y grande, dejamos que las cosas vayan tan mal, que haya gente como Carcass? ¿Por qué, si somos tan inteligentes, como una conciencia colectiva, no hemos encontrado cómo proveer una existencia llena de sentido y trabajo con sentido, digno y que pague un sueldo justo para todos nuestros ciudadanos? Mientras, millones sufren haciendo de tripas corazón por un salario de miseria que ni vale la pena, unos cuantos ganan mil veces más que esos mismos millones. Demuestra como el Capitalismo realmente no funciona.

Hace años los rusos rechazaron el Comunismo y abrazaron el Capitalismo, casi como para decir: "ok, ahora demuéstranos qué tan bueno es el Capitalismo y cómo funciona tan bien para ti." ¿Y qué es lo que les hemos enseñado a los rusos desde que dejaron el Comunismo? Sólo más corrupción y nepotismo. Tengo esas palabras entre comillas a propósito porque dichas cosas aún no han existido en la faz de tierra en su forma verdadera, tal como se le lee y entiende que funcione en un libro teórico político. A pesar de todas estas gesticulaciones de grandeza política, los jóvenes, que pudieron ser miembros validos y participantes activos en sus comunidades –si no fuera por el mismo gobierno y la sociedad en general, que les falla–, caen en la trampa del cristal y acaban en una cárcel por ocho años por intentar arreglar sus problemas financieros. ¿Quién tiene la culpa? ¿Sólo el individuo? ¿O también una sociedad cínica?

Swanson, que historia triste. Supuestamente la ley dice que si hiciste algo hace más de 10 años y no te agarraron, y si no era delito grave como asesinato o algo así de grave, ya no te pueden condenar ni procesar. Entonces, a este güey de Swanson lo agarraron hace más de 10 años intentando pasar mota por la frontera. Le habían dejado salir bajo fianza y huyó a México a vivir. Ahora, después de 10 años, quería regresar a su país natal, a la edad de 56 porque tenía cáncer y le daban de seis meses a un año de vida; nada más quería ver su familia y tal vez recibir algún tratamiento.

Entonces, en vez de honrar sus propias leyes, el gobierno federal, a través de su brazo judicial y policial, violó los derechos de este hombre, hasta que su abogado llegó a sacarlo bajo fianza para que pudiera recibir el tratamiento necesario hasta el final de su vida. Así como yo, él no tenía ningún familiar para ayudarle con el dinero de la fianza, aunque tenía una hermana a quien había ayudado muchos años atrás y ahora era rica. Yo solía darle la fruta que la cárcel nos proporcionaba porque por lo menos era más saludable y así tal vez pudiera tener más días de vida ese hombre, ayudándole con su sistema inmunológico.

En fin... su hermana no era tan gacha como mi familia y lo sacó. Una mañana, temprano, antes de que pudiera decirle adiós, se fue. Imagínese estar en la cárcel donde el servicio médico es de lo peor y con cáncer, atrapado porque tu propia familia no tiene la sensibilidad ni buena educación de sacarte de ahí.

El Check era un esquizofrénico de la frontera, era un pendejo total. Para los que saben o recuerdan San Diego, era el chivo expiatorio de los diputados corruptos de la municipalidad de San Diego. Estos diputados habían aceptado unos sobornos grandes por votar a favor de ciertos contratos y negocios de pornografía, ubicados cerca de una zona residencial de San Diego. A él lo agarraron "con las manos en la masa", como se dice, porque portaba armas de fuego cuando le detuvieron con una orden de arresto.

Lo habían estado buscando por la supuesta venta de unas ametralladoras "Mac 10". Ese hombre siempre se quejaba de todo. Era uno de esos que se llaman "tiempos duros". Quería que todos escucharan sus problemas: no era justo, no le habían agarrado con las armas "compuestas", armadas, y técnicamente no eran armas en ese momento, pero nadie se lo creyó. Nosotros podíamos averiguar, simplemente mirándolo a la cara, que era un asesino sin compasión, quizá, sólo que no lo habían detenido por alguna muerte. Si sentenciaron a ese viejo por 20 años, seguramente se muere en prisión. Y además Check era racista. Y ser racista en esa unidad no era buena idea. Tal vez se dieron cuenta después de que salí de ahí, pero lo más probable es que había matado a mucha gente, y no era gente güera.

Indio, el Apache. Era en parte apache, en parte mexicano y en una más, italiano. Según él: dudo de la parte italiana. Era de los pocos hombres honrados en la cárcel. Cuando llegué fue a hablarme para ver quién era, etc. Estaba un poco preocupado porque pensé que quería tener sexo conmigo, pero era heterosexual y honrado. En esas primeras semanas me prestó sopas para comer, hasta que me llegara mi dinero, si es que me llegaba. Él me ayudó como la Madre Teresa ayudaba a los demás en las calles de Calcuta. Y yo también ayudé a muchos más así. Cuando no podía llamar a casa hablaba con él. Estaba muy metido en la política de la cárcel. De alguna manera consiguió una guitarra y entre él y yo tocamos unas rolas para todos. Era la única guitarra en la unidad. También me consiguió un tablero de ajedrez. Y también manejaba una lotería de fútbol americano los fines de semana. Para entrar tenías que cooperar dos sopas y si ganabas eran treinta sopas. Un fin de semana gané, cuando los Chargers de San Diego perdieron contra los Patriotas de Nueva Inglaterra. Vaya, había gente enojada. Mi número era el cinco, un número difícil para ganar por la manera y cantidad que se ganan los puntos en fútbol americano. Aparte, todos odiaban a los Patriotas, de donde soy, y estábamos en San Diego, sobre todo.

Indio me miró muy sonriente cuando me trajo todas las sopas en un saco de lavandería. Eso fue una buena semana para mí. Creo que casi gané peso esa semana y si no hubiera sido por mi dieta vegetariana, tal vez hubiera sucedido. Indio estaba en la cárcel por muchas cosas que tenían que ver con la frontera, demasiadas cosas para decir aquí. Estaba mirando a unos 20 o 30 años dentro. Intenté averiguar qué le pasó y descubrí que estaba muerto. Lo más probable es que lo mató la mafia desde dentro de la cárcel para que no hablara. Creo que sabía que era un hombre marcado, siempre estaba intentando ser tan amable y amigable con todos, como si estuviera intentando prevenirse de tener enemigos en la cárcel para que nadie le llegara o le quisiera llegar. Solíamos pasar la noche contando chistes sobre cuentos o memorias de nuestras vidas. Momentos torpes. Ayuda a pasar el tiempo más rápido.

Cuando la familia de un hombre le deja atrás y no le ayuda en un tiempo de necesidad, el hombre encuentra su familia con los que se encuentra en sus cercanías. Entre más cerca se encuentras los que están dispuestos a arriesgar vida y libertad, más te encuentras a ti mismo dispuesto a hacer lo mismo y de allí te encuentras tarde o temprano en la cárcel.

Juan era un vendedor de seguros y supuestamente lo estaban acusando de fraude ; le habían negado libertad bajo fianza. Si no cometió tal crimen y tenía razón, entonces que horrible gobierno por ser tan cruel y sin remordimiento con este hombre viejo al final de su vida. Y si lo hizo, que triste por él, que creía que tenía que hacer algo así al final de su vida.

Llegó a ser mi cuate de litera y entre el Indio, él y yo formamos un grupito de amigos en esa esquina. Estoy seguro de que si no se ha muerto en prisión, allí está todavía. Un hombre sin fianza. Pregunto cómo Kenneth Lay y Jeffrey Skilling se sentirían si les negaran el gobierno salir bajo fianza mientras esperaban su juicio. Aún después de que les condenaron se quedaron afuera. Nunca fueron a la cárcel. Y la corte dijo que mientras apelaban su caso para su otro juicio podían permanecer afuera si pagaban una cantidad muy grande de dinero por la fianza. Eso manda un mal mensaje al público: si eres rico y con conexiones no vas a la cárcel aún después que te hayan condenado, porque mientras estás apelando tu caso podrías ser inocente todavía. Entonces, todos esos otros hombres que están en la cárcel esperando la apelación de su caso deberían de estar fuera también, si se supone que hay igualdad en la ley. O, por el contrario, todos los que están gozando un privilegio que compraron con dinero deben ir a la cárcel junto con los otros.

Curly estaba luchando contra un caso de asesinato, de un pandillero de un grupo organizado o algo así. Al parecer iba a perder. No me hablaba mucho de su caso, pero a final de cuentas recibió 14 años. Lo que no entiende la sociedad es que es un niño de 14 años atrapado en el cuerpo de uno de 32, y que con ese niño de 14 viene una actitud salvaje y dura, aprendida tras años de vivir en las calles. Así, cuando alguien lo aceptó como "hermano", como parte de una hermandad o una situación de pandilla, él aceptó con un sentido de honor y respeto el que alguien pudiera identificarse con él en un momento de necesidad. En situaciones como esas, lealtad al grupo es fenomenal y de suma importancia. Su caso es el ejemplo perfecto de un hombre comportándose como un niño. A medianoche solía brincar sobre el suelo de la unidad y hacían tanto ruido que los guardias venían corriendo a ver qué había pasado.

Aunque Curly y yo hablábamos mucho, no hablamos nada de su caso. Fue mejor porque yo vi lo mucho que le preocupaba. No hablaba con nadie de su caso a no ser que me hablará primero. Muchos mexicanos me pidieron ayuda para traducir sus documentos y papeleo para su caso, en general. Así que si no me hablaban de su caso, no sabía nada de la situación. Y mejor, porque las vibras emocionales eran tremendas ahí.

Aparte de Curly, John, el tipo mafioso y el Indio, el resto eran güeros que cruzaban la frontera con drogas o ilegales. Eran pobres y en algunos casos eran mendigos de las calles de Estados Unidos, principalmente las ciudades fronterizas. Pobres que habían sufrido un momento de mala suerte y que fueron cazados y reclutados por los Carteles del norte para pasar gente y drogas por la frontera. Eso era la única razón por la que un güero era agarrado en la frontera, por que tuvo mala suerte, como yo. Algunos estaban mal de la mente, por las circunstancias de sus vidas que les llevaba a tocar fondo hasta que llegaba alguien a preguntarle si quisiera cruzar la frontera.

Si nuestro país creara oportunidades iguales para todos y elevara la calidad de vida de los más pobres de nuestra sociedad, estoy seguro de que no habría nadie intentando cruzar la frontera con contrabando. Estoy seguro. Me acuerdo estar trabajando una vez para una compañía que tenía el lema de que "nuestro equipo es tan fuerte como el enlace más débil." Tal vez nuestra sociedad, país y gobierno deben pensar en eso, en vez de señalar con el dedo al otro culpándole, buscando al chivo expiatorio y malgastando dinero en todo el camino. Haga que el enlace más débil sea un miembro válido de la sociedad dándole un trabajo bien pagado y con sentido y dignidad para vivir la vida, no sólo sobrevivirla.

Muchos mexicanos son chantajeados para participar en el juego de la frontera. Están obligados físicamente a portar uno o dos kilos de cocaína para su "coyote", cuando van de mojaditos como parte del trato que hacen para que le guíen a una vida de mejor calidad. Hay diferentes maneras de que alguien caiga en esa trampa.

El público casi nunca escucha los cuentos de la mayoría de los mexicanos honestos que intentan cruzar la frontera buscando un "sueño americano" legítimo. Sus historias están envueltos en un mega cuento que la prensa cuenta desde su perspectiva de cómo llegaron, cuándo y cómo se va a regresar. Nunca se dice nada de lo que pasa cuando están en el sistema carcelario, ni bajo qué circunstancias están regresando a su país. No escuchamos nada de la gente que cruza la frontera muchas veces y no pasa nada, a pesar de haber sido agarrados múltiples veces, hasta que por fin el gobierno les acusa de algo.

Mientras tanto, a otros, por alguna razón inexplicable, les aplican la ley de la manera más dura para "hacer un ejemplo de ellos". Pero, seamos honestos, en general nadie está interesado en saber los detalles sangrientos de esa sucia y grande vergüenza que se llama la frontera.

Mucha gente no se da cuenta que empezó al menos en los años veinte y ha sido un problema creciente cada año. No quieren que se le recuerde de las décadas de comestibles cosechados con la mano de obra de ilegales, porque al acordarse les dejaría un mal sabor de boca cuando tragan su comida ilegal. Porque de hecho se podría considerar esa comida como ilegal si sabes que fue pizcado por manos ilegales y la compras, lo cual te convierte en lo que se llama en términos legales "un accesorio después del hecho", porque consumiste o "disfrutaste la fruta del crimen".

Además, como la gran mayoría de las personas en Estados Unidos son obesos, es tiempo que dejan de comer y que empiezan a pensar por sí mismos y no dejar que el gobierno le confunda entre lo que es bueno y malo.

Este escenario en la frontera es un recuerdo feo del fascismo que ha agarrado a nuestro país por un buen rato y no quiere soltar control. Agarrados en la balacera de esta discriminación nacional están mexicanos, otros ilegales, y güeros pobres de este lado. Los más perjudicados en esto son los mexicanos. Nunca sale una noticia del inmigrante ilegal de Noruega que se quedó después de que venció su visa estudiantil, y qué tan mala era la vida para esa persona en Noruega. Simplemente se quedan aún después de que vencen sus visas y se van cuando quieren y a nadie les importa. Y cualquier otra persona güera puede ser sustituida y no importa. Güero y privilegiado puede mantenerte fuera, a veces. Pero una vez dentro, güero y miedoso.

Si había en la cárcel alguna cosa favorita, la mía tendría que ser una hora en el día, muy temprano en la mañana. Estaba tranquilo, callado y la tele no estaba prendida todavía. Nadie estaba hablando, cantando ni discutiendo, ni jugando algún tipo de juego. Nada. Sólo el sonido de hombres roncando mucho. Algunas mañanas más que otras, pero siempre el mismo sonido. Los guardias respetaban ese silencio, todos menos uno.

Yo tenía la cama de arriba en la litera y por la duración de mi estancia estaba subiendo y bajando constantemente. Una vez que subí, me quedé arriba porque era un rollo subir y bajar todo el tiempo. Al principio dormía mucho, o intentaba. Mi litera estaba justo al lado de la tele, y en cuanto la prendían me levantaba porque ponían el volumen al máximo.

Los ocho ranchos en el piso estaban ubicados alrededor de un área común. Cada uno tenía un baño con múltiples tasas, lavabos y tres regaderas. Separando cada rancho del área común había una puerta de rejas que se abría cuando nos daba tiempo salir por el día a convivir con los de los otros ranchos.

Cuando era tiempo para el *lock down* (el encierro), simplemente te ibas a tu rancho con los otros 50 hombres de tu área y te encerraban por la noche o por la tarde. No era tan malo, no como si te encerraran en una celda chica sin espacio para caminar. En la mañana, a las 5:30, abrían las puertas de los ranchos para dejarnos salir a desayunar, por agua caliente para nuestro café y para caminar. El desayuno era un asunto asombroso que consistía de un envase chico de leche y un envase chico de cereales como Corn Flakes o Special K si tenías suerte. Algunas mañanas tenían avena o harina, con eso venía un trocito de pastel hecho a medias y una manzana agria, plátano semipodrido o naranja sin jugo ni sabor. Si no te levantabas a tiempo para desayunar no lo recibías; aunque yo estaba despierto muchas mañanas no me molestaba en ir por él, y si iba era sólo para agarrar la fruta para regalarla a otro que lo necesitaba más que yo; pero no me gustaba esperar en la cola muy temprano por un desayuno chafa.

El horario de las comidas no coincidía con mi práctica de yoga. No hay nada peor que hacer yoga con un estomago lleno de mierda; el almuerzo y la cena eran a las 10 de la mañana y las 4 de la tarde, respectivamente, malos momentos para comer si estas intentando mantener una práctica de yoga. Si podía ir al almuerzo y la cena y guardarlo en mi rancho para después, lo hacía. Pero muchas veces había un guardia allí previniéndome de llevar comida a mi cama o *locker*, a no ser que lo escondiera en mi overol. No había razón para prohibirnos llevar la comida al *locker* para consumirla después, porque siempre teníamos comida de reserva que habíamos comprado en la tienda de la cárcel; era para que tuviéramos que comprar comida de la tienda en vez de guardar lo que nos daban.

Había muchas mesas con asientos conectados en el área común, así que muy temprano en la mañana podías tener un momento tranquilo, escribiendo una carta y tomando café. Algunos hacían su caminata por el periférico del área común. Caminando ayudaban a mantener al cuerpo saludable. El yoga también.

Al principio me dijeron que no podía, pero al final me dieron permiso de hacerlo. A los guardias no les gustaba la idea de que me parara de cabeza, me dijeron que no podía hacer yoga en la unidad, hasta que el padre espiritual de toda la cárcel dijera que sí tenía permiso como parte de mi garantía de libertad de religión. Y que tenían que dejarme hacerlo en donde quisiera. No les dije que el yoga no era una religión sino una ciencia, y eran inconscientes de ese hecho. Y el padre me dio una carta para llevar conmigo a donde sea para mostrarle a cualquier guardia, pero me dijeron que no podía enseñar yoga a nadie. Entonces, si lo hacía era a escondidas. No entiendo porqué no estaba permitido compartir una práctica tan relajante como el yoga en un lugar tan estresante, lleno de hombres que justamente están deprimidos y necesitan relajarse y sentirse mejor.

Luego, por fin, iba a salir bajo fianza. Habían puesto mi fianza tan baja que me estaban bromeando. Nadie me ayudaba, ni mi familia, ni la de mi ex esposa. No sólo eso, después me cayó el veinte de que mi ex suegro no solamente no me estaba ayudando, sino que estaba mintiendo a mi ex esposa diciéndole que no me iban a dejar libre bajo fianza y que iba a estar en la cárcel por 10 años y que se divorciara de mí, entre otras cosas que iba haciendo a mis espaldas como un chingaquedito.

Esa mañana, como todas las demás, empecé con mi meditación, hasta que se abrió la puerta. Una vez abierta, los otros se formaban en fila para recibir sus desayunos y agarrar su agua caliente y tomar posesión del área que quería controlar después del almuerzo. Aquí los hombres peleaban por cualquiera cosa, como si fuera política controlar una silla de plástico. Los pocos recursos disponibles para los internos fueron disputados entre las varias pandillas. Abasteciendo montones de pastel o fruta sin sabor. Comprando piezas de pollo por estampillas del correo, por ejemplo. Reclamando control sobre cosas como barajas, tableros de ajedrez, televisores, almohadas, fundas, sábanas, mantas, calcetines, playeras y, como he mencionado, sillas de plástico.

Del tablero de ajedrez aprendí rápido cómo peleaban, con mi primera lección en MCC. Me gusta jugar ajedrez y cuando llegué, primero le pregunté a un sureño si me podía prestar el suyo. Me dijo que por supuesto, con la condición de que se lo regresara justo después. Entonces jugué y después le fui a entregar el tablero, todo bien. Como 15 minutos después viene con otro tablero en la mano, uno que estaba todo madreado y me dice: "¿qué pasó, donde está mi tablero?" Me estaba acusando de intentar entregarle otro tablero para quedarme con el bueno. Estaba buscando problemas. Me dijo que si no le devolvía el tablero correcto que me iba a madrear, y yo le dije que le había dado el tablero correcto y que fue él quien me estaba intentando transar a mí. De ahí intentó decirme que yo le había llamado mentiroso, lo cual fue cierto, e inmaduro, porque me amenazaba aún más, como uno de esos porros de la prepa. Así que lo ignoré.

Luego un tipo que se apoda El Diablo, un sureño, vino a hablarme. Él me dijo que lo había arreglado y que en el futuro contara con mi propio tablero para evitar estas situaciones. Poco después tuve mi propio tablero, uno que el Indio me consiguió. ¡Tantos problemas tuve por tableros de ajedrez en la prisión! El Diablo era chistoso. Tenía un tatuaje en su nuca que decía "Diablo", en letras góticas, y "Sureño" en su estómago. Tenía 22 años y estaba esperando una sentencia como de 15 años o algo así, por haber intentado pasar ilegales por milésima vez. Como él me lo explicó: "está bien homy, yo y mis amigos vamos a tomar control de todos estos dólares federales de los impuestos y utilizarlos bien y manejar este *show* por todo el país. Vamos a estar cogiendo güeros por el culo todo el día hasta que nos dejen salir." Ya había estado dentro por dos años por otros delitos en el Sistema Penal del estado de California, entonces era como un símbolo de prestigio estar en el Sistema Federal, y mucho más cómodo que en el del estado.

Tiene razón sobre el sistema controlado por los latinos. En cualquier localidad dentro del sistema hay más latinos que cualquier otro grupo. Por puro volumen sí controlan los recursos gastados ahí. Si querían ver la tele y un güero estaba allí primero, no les importaba: venían y cambiaban el canal a su gusto y si el güero quería verlo, bien, y si no le gustaba podía irse. La administración de MCC tenía que poner letreros que decía "acceso igual a la tele", pero nadie los respetaba y los latinos dominaban ese tema.

Me acuerdo cuando llegué al séptimo piso por primera vez, ¡que miedo que tenía! Todo el piso estaba encerrado y yo era el único nuevo. Me metieron en el área común, con todos los demás mirándome detrás de las rejas de de las puertas de sus rangos. Todos querían ver quién era. Todos estaban gritando: "¡Vaselina para el nuevo!", "¡vaselina para el nuevo!". En serio, sólo lo hacen para espantarte, porque la homosexualidad no suele pasar en la prisión, a no ser que quieras participar o que cometiste un error con otra persona. Pero esa noche, en serio, pensé que alguien iba intentar llegarme y no dormí casi toda la noche.

Luego lo cambié a "Vaselina para tus huevos", porque casi todos los que estaban en MCC por un rato largo sufrían de hongos en la ingle.

Pero en serio, ¡que espantoso! para alguien que nunca había estado en el sistema carcelario antes. Había tenido una vida buena y, por cierto, no soy gay. Que bienvenido fui y mi despedida fue un reventón. En cualquier momento que alguien gritaba ese u otro dicho que llegamos a conocer, yo nada más daba mi grito de "Aaaaaaaah", "haaaaaa", "aiiiiiiii," y siempre fue el más alto porque mis pulmones yóguicos podían agarrar más aire y entonces el volumen de mi voz era más alto.

Me bajé de mi litera como de costumbre esa mañana, como un felino siempre aterrizando bien en mis pies. Mi rodilla me molestaba pero brinqué de todos modos. Una cosa: en prisión nunca demuestres debilidad, ni se lo digas a nadie, sea físico o mental, porque si se lo dices a alguien muy probablemente llegará a utilizarlo en tu contra.

Preparé mi contenedor donado (un contenedor de plástico habitado previamente por Keefe, mantequilla de maní), con Keefe café instantáneo y dos paquetes de C&H azúcar.

Todos ya conocían mi rutina matutina, yoga por 45 minutos, de allí se abrió la oficina. Estuve en el séptimo piso por ocho semanas y todos los que ya me conocían podían venir a hablarme si necesitaban una traducción o una carta. En paga recibiría una sopa Maruchan o algo así de la tienda. Si eran muy pobres y lo sabía, les ayudaba gratis. Y si nadie necesitaba ayuda, jugaba ajedrez.

Hacía mi práctica de yoga al mismo al lado de mi litera antes que cualquier cosa, de ahí, al área común a encontrar un asiento en la mesa que no estaba ocupada. Mi día era más rápido cuando podía jugar ajedrez y ayudar a otros con sus casos, cartas u otros documentos.

El oficial Larios me había estado dando el periódico y entonces leía artículos de interés en voz alta a los otros. Artículos sobre la frontera y México. Aparte de eso, sólo jugaba ajedrez.

Uno de los mexicanos con quien jugaba, era un ilegal a quien habían agarrado unas cuantas veces brincando la frontera. Esta vez lo habían agarrado robando un banco en este lado, encima de que estaba de ilegal en Estados Unidos. Nadie me había ganado por mucho tiempo, pero por alguna manera, una distracción, me ganó y se fue por ahí diciéndoles a todos que había ganado a Richard Simmons. A propósito, yo me veo como un tipo que se llama Richard Simmons cuando era más joven. Y pensarás que no es una ventaja aparentar o parecerme a un instructor gay de aeróbicos, pero de alguna manera hice que esto funcionara a mi favor. Cuando reté a este ladrón a otro juego, la revancha, y le gané, se fue al baño y se cortó las venas con uno de las filas de esos rastrillos de plástico que venden baratos y malísimos.

Al principio creí que era la vergüenza de haber sido vencido por uno de los pocos güeros en el piso y sobre todo uno que se llamaba Richard Simmons. Cuando le encontraron en el baño medio muerto y sangrando por todos lados, lo llevaron a la unidad psiquiátrica y nos encerraron para hacer eso; alguien me dijo en ese momento que el tipo había venido de la unidad psiquiátrica, estaba tomando medicamentos y al parecer estaría ahí por un mínimo de 12 años por robo armado y entrada ilegal. Cuando tu vida está colapsándose, cualquier cosa pequeña puede romperte o rajarte.

Semanas antes había vencido a un *paisa* que se apodado Jalisco. Tenía Jalisco tatuado en su estómago y era el jefe de la pandilla de *paisas* en el séptimo piso. Él me había retado también, pero no me venció. Hasta quería jugar por dinero, pero nunca por dinero. Dinero eran estampillas del correo. Podías utilizar estampillas como dinero allí. Pero yo no, no tenía mucho dinero y no quería arriesgarlo. Yo siempre gané, pero el coreano del norte un día perdió al billar y apostaba dinero cuando no tenía. Esa noche el Jalisco le sodomizó mientras seis o siete más le sujetaban en el baño. Eso fue un momento muy asombroso para el coreano del norte. Luego me buscó para traducirle. Le dije no porque no importaba. Le dije que debía de rolar sus cosas y esperarle al guardia ahí por la salida de la unidad. Lo llaman "rolándote" en prisión. Luego sí, se roló y estaba parado al lado de la puerta y toda la unidad gritando "hilo".

La primera vez que escuché esa palabra, "hilo", no podía entender lo que estaban diciendo para nada. "Hilo" es un dicho regional de Tijuana. En la cárcel quiere decir "lárgate". Entonces, cuando alguien hacía algo tonto, torpe o malo, gritaban "hilo" a esa persona. La otra vez que lo decían era cuando alguien se liberaba de la cárcel para convertirse en un hombre "libre".

Después le pregunté a alguien porque Jalisco hizo algo así a ese coreano del norte tan grande. Me dijeron que estaba peleando una sentencia de 20 años de vida y el culo del coreano era liso y sin cabello. Me dijeron que en México un hombre que consigue que otro le haga el acto no es gay. El hombre se llama "mayate". Por casualidad, por lo menos en Los Ángeles, es la palabra para afro-americanos también. No sé porque el nombre de ese pobre animal está usado para decir esas cosas y no podía encontrar alguien que me lo explicara. Pero sólo el hombre que le da al otro el orgasmo es el gay y cuando intentaba hablar de este asunto con otros de México se ponían nerviosos. Es una nota cultural interesante que viene del Imperio Romano y los griegos.

Despreciaban a los güeros en MCC. La mayoría eran unos quemados polleros, coyotes u otra clase de persona que cruzaba la frontera con drogas. Algunos eran de la clase alta. Defraudadores de seguro o estafadores de bancos u otras cosas así que iban contra la ley federal. Pero los que trabajaban en la frontera solían ser unos perdedores callejeros de San Diego que habían caído en tiempos malos, de mala suerte y que fueron reclutados por los carteles. Es así por toda la frontera en los dos lados. Es un vértice de maldad.

Había un mexicano que llamaban Tijuas, pueden imaginar de donde era él. Que pesadilla para este tipo. Le habían agarrado cruzando la frontera con una cantidad chica de mota, 40 kilos. No, en serio, eso es pequeño. Sólo te dan tres meses por esa cantidad si es tu primera vez. Entonces, mientras está preso en la cárcel en Arizona, alguien comete un crimen en California con el mismo nombre y número de seguro social que usaba él. Entonces, como está en custodia, lo trasfieren a la orden de un juez a MCC para presentarse a un juicio de un crimen, del cual era imposible que lo hubiera cometido porque estaba en la cárcel cuando el crimen pasó. Pero al gobierno no le importa.

Una vez en la cárcel es aún más fácil condenarte de más crímenes aunque no te correspondan. Y cómo eres un interno ni tienen que llevarte al juzgado para comparecer. Eso sólo te obliga a ir a la biblioteca de derecho más y hacer tus solicitudes y otros trámites por correo desde la cárcel. Muy rara es la vez que ves a un juez, a no ser que hagas un trámite que se llama un "escrito de *habeas corpus*", pero hoy día ni te dejan estar presente cuando se supone que leen el escrito en el juzgado y es porque, cuando lo leen, es en la oficina del juez y nunca un miembro del público sabe.

Suerte con conseguir una rueda de prensa cuando eres un cualquiera en la cárcel intentando ejercer tus derechos y recibir un poco de justicia desde adentro. Créanme, a nadie le importa. Así que pobre de Tijua, le van a condenar de un crimen que no hizo y a nadie le importa. He estado ayudándole con su caso y al parecer hay un poco de luz al final del túnel; si se declara culpable a una ofensa menor, el procurador puede recomendar sólo seis meses adicionales en la cárcel.

Pops era un adulto mayor que fue olvidado por este país. Sin parientes y sin suficiente dinero de seguro social cada mes, empezó a cruzar mota por la frontera. Había estado haciendo esto desde hace años, desde que se "jubiló". Le habían agarrado una vez y ésta querían darle seis años. Tenía la misma edad que mi padre. Tenía una novia en Tijuana, una casa móvil y un montón de cosas que había estado acumulando desde que se jubiló.

Si este país, supuestamente el mejor del mundo, podría proveer una situación decente para vivir a sus adultos mayores, tal vez no se encontrarían en tan malas posiciones como para ir a cruzar la frontera con drogas por dinero. Cómo un adulto mayor puedo entender que no estarías muy encantado de trabajar en un Burger King o algo así que no tiene sentido y que no te da mucho dinero a la edad de 79 años. ¡Vaya! ¿Cómo pueden hacer una cosa así a nuestra población mayor, a un anciano?

Me acuerdo del día que Pops se enteró de cuánto tiempo tenía que estar en prisión. Estaba en su litera, la de abajo, y en frente de la mía. John estaba consolándole. Pops, John, Indio y yo formábamos parte de una esquina del rancho ocho. Arriba de Pops siempre había un pollo o coyote, venían y se iban bastante rápido. Arriba del Indio estaba Chuck. Entre el Indio y yo cuidamos a esos dos ancianos: John y Pops. Pero pobrecito de Pops, cuando descubrió que le iban a dar seis años, se rajó y lloró. Justo antes había descubierto por teléfono que en Tijuana su muchacha se había ido y le habían robado su casa móvil y demás cosas que tenía allí, en un lote. En ese momento, estoy seguro de que se dio cuenta de que iba a morir en la cárcel sin nada. La cifra o tasa de sobrevivencia de adultos mayores en la cárcel es tan baja y si saliera, no tenía nada a que regresar, ni nada que pudiera hacer como trabajo a la edad de 85 años. Imagínate viviendo en las calles de San Diego sin nada y nada que hacer. No hay números oficiales porque el ministerio de cárceles no quiere saber, ni mencionarlos.

Un día hace poco, hubo un anciano que no podía salir de su cama. Cuando tenía que ir al baño a orinar, no podía y sólo llegó a un basurero ahí al lado de su cama y allí orinó. Los guardias se enojaron tanto que le metieron en el hoyo. Lo que no sabían, ni entendieron ni se dieron cuenta, era que necesitaban llevarlo al médico. Se murió en el hoyo. Pero bueno, era un mendigo viejo, sin parientes ni nadie afuera para reclamar ni siquiera su cuerpo. Ni denuncias ni culpabilidad. ¿Qué importa, verdad?

Aparte de estos dos ancianos, Indio y yo, y los otros que ya mencioné, los otros güeros eran drogadictos. Uno, que se llamaba Ed, apodado Special Ed, era un mendigo de la calle de San Diego a quien le habían agarrado con unos indocumentados en un carro intentando pasar la frontera. Le habían agarrado muchas veces antes pero cada vez declaraba en seguida y no le pasaba nada. Hay una ley que dice que si declaras en la mera línea que aportas indocumentados no te pueden hacer nada, sólo te los bajan y tú sigues tu camino sin ellos. Entonces después de tantas veces por fin decidieron denunciarle. Y en cuanto le procesaron, denunciaron, condenaron y sentenciaron, sería tiempo servido y estaría libre otra vez.

Era calvo con un bigote grande que cruzaba su cara como la manga de un sartén. A mí me parecía como un calamar grande con esa cabeza peloncita y sus ojos tan grandes y apartados como si fuera víctima del síndrome feto alcohólico. Le habían quitado un pulmón el año pasado y el pensamiento en general era que no estaba recibiendo oxigeno suficiente al cerebro. Y era cierto. Siempre le faltaba aire y siempre olía extraño como si estuviera a un paso de la muerte.

Para complicar cosas Special Ed era de la opinión de que necesitaba un poco de dinero extra y empezó a vender su culo a los mayates. Al principio empezó como un muy mal chiste que le hicieron en su rancho. Había perdido una apuesta, entonces los mayates formaban un circulo y el corría desnudo por el circulo mientras le daban cachetadas en el culo. De ahí alguien le dio una bolsa de chicharrones. Añade locura a su problema de la falta de aire al cerebro y tienes una mente bastante torcida, de pensar en vender el culo por 25 sopas. A propósito, una sopa Maruchan en la tienda de la prisión de MCC costaba 25 centavos. Así que por $12.50 Special Ed vendió el culo en la prisión. Lo chistoso y triste a la vez es que le faltaba un mes para salir, tiempo servido.

Algunos de los otros güeros vinieron a hablar conmigo porque tenían miedo de que los mexicanos tuvieran una idea incorrecta de la situación y a querer a coger más. Lo chistoso es que entre este motociclista y yo éramos lo que llamarían los *shot callers* o líderes de los güeros, pero sólo porque éramos tan pocos y yo era bilingüe. Siempre intentaron meterme en sus asuntos pandilleros y yo siempre decía no. Ambos, mexicanos y güeros, lo intentaron.

Entonces, en este caso como era especial, hablé con uno de los *shot callers* para los mexicanos, que era un amigo mío, porque era bilingüe y también por falta de alguien mejor. Entonces le explique la situación. Le dije cómo Special Ed era un tipo jodido que estaba mal de la mente y a punto de salir de la cárcel y que debían dejarlo en paz porque nunca se sabía si tenía Sida o no. Y era cierto. Nunca se sabe si un loco de la calle como él tendría Sida o no.

Octavo estaba de acuerdo conmigo y recomendó que hablara con Special Ed para decirle que no provocara nada más antes de que se fuera.

Cuando fui a buscar a Special Ed, el pobrecito estaba sentado en su litera. Debido a que le faltaba un pulmón, le dieron una litera de abajo. Después de haber conseguido el permiso del mexicano cuya litera se daba en frente, me senté con el pobrecito.

Le explique directo. No quería escuchar nada de eso otra vez. Ni el menor rumor de algo semejante le dije, o lo iba a hacer rolar de una vez a otro piso y que iba a mandar un mensaje al otro piso, para que le cogieran bien fuerte todos los días hasta que se fuera. Para él esta amenaza era real. Estaba tan mal de la mente, que de veras pensaba que yo era un *shot callers*, especialmente porque sabía que era bilingüe y que al parecer tenía mucho poder ahí. Por supuesto estaba haciendo este acto para su beneficio. Le faltaba sólo un mes. Y le dije "¿Por qué harías una cosa así Ed, faltando un mes para salir? Y si decides hacer algo así por lo menos espera hasta que salgas para que ganes más dinero en la calle y no aquí perjudicándonos a nosotros."

Estaba de acuerdo. Eso fue ayer. Hoy salgo pero él no lo sabe. La historia de Special Ed es un ejemplo claro de cómo nos está fallando la sociedad. Aquí hay un hombre que perdió un pulmón. Necesita ayuda. Obviamente algo más le está pasando y tal vez se beneficiaría de un poco de ayuda en escoger buena conducta en vez de equivocarse.

La única cosa que pasará es que tal vez lo van a tirar en uno de eses refugios para los desamparados o mendigos de la calle. Uno de esos de los cuales la comunidad está muy orgullosa. He trabajado en refugios así. Te puedo decir con toda honestidad y con una opinión calificada que son un paso arriba de la cárcel. Son subestaciones al fracaso. Pobre Special Ed, si sólo hubiera tenido a alguien ahí para ayudarlo a no caer en esas equivocaciones.

Y al gobierno federal no le va a importar si está en violación de su libertad condicional, es un mendigo de la calle. Aquí Special Ed representa un porcentaje de hombres que vuelven a la cárcel una y otra vez por violaciones a su libertad condicional o provisional. Special Ed la violará simplemente cuando no encuentre una casa o un trabajo. De ahí, si el gobierno federal quiere sancionarle por haber violado su probación, le harán un orden de arresto y en cuanto alguien le encuentre por cualquier delito lo van a mandar a la cárcel otra vez. Tal vez no lo encuentran por un rato, es un mendigo de la calle, pero cuando lo hagan porque violó su libertad condicional, Special Ed formará parte del 65 por ciento de todos los hombres que regresan a la cárcel por violar su libertad condicional. Eso en inglés se llama *recidivism rate* o tasas de reincidencia. Sólo significa mucho más problemas para la gente pobre y muchos más dólares de impuestos mal gastados por los ricos. Todo para chingar a gente como Special Ed, en vez de utilizar los recursos para ayudarle a no cometer errores desde el principio.

La gente derechista dirá que las altas tasas de reincidencia sólo demuestran que los programas de probación funcionan. Que estos programas están diseñados para agarrar gente violando los términos de su aprobación. Hasta ahí llegan, esperan que tu no quieras llegar más lejos porque no quieren hablar de los detalles de reincidencia.

La gente izquierdista te dirá que la tasa de reincidencia demuestra que no funciona el programa de probación porque las condiciones y términos son tan difíciles que están causándoles a los convictos el fracaso y volver a la prisión. Antes de lo que me pasó no hubiera podido opinar. Pero como tengo una opinión calificada por mi experiencia puedo decirles que creo que tengo mucha suerte. Gané las probabilidades.

Como parte de los términos y condiciones de mi libertad, tenía que estar en un trabajo 40 horas a la semana (que era muy difícil lograr debido a asuntos como el cuidado de los niños y el horario de trabajo de mi ex, quien tenía que trabajar también para que pudiéramos ganar lo suficiente para una familia de cuatro). No podía ir a la escuela tampoco, tenía que trabajar. Si no podía me iban a mandar a la cárcel otra vez. Como convicto, el tipo de trabajo y el pago que me ofrecían era miserable. No era muy motivacional para que trabajara. Si me mudara o cambiara o perdiera mi trabajo o casa tenía que reportarlo dentro de 72 horas a mi oficial de probación, porque de lo contrario me regresan a la cárcel. Por suerte, cuando salí tenía a mi ex y a mis dos niños esperándome y apoyándome. Muchos hombres no tienen eso. Han estado dentro tanto tiempo, que ya no les esperan sus mujeres o familias y son olvidados. Sólo esos dos requisitos simples de mantener un trabajo y un hogar pueden ser tan difíciles para un convicto, especialmente si no tiene familia ni amigos.

Ahora, por todos lados en Estados Unidos te preguntan en las solicitudes de trabajo o para rentar una vivienda, si has cometido un crimen en los últimos 5 o 7 años del cual has sido condenado. Si pones que sí en tu solicitud para trabajar o para rentar, ¡buena suerte!

Sería lógico presumir que en nuestra sociedad cristiana encontraríamos perdón en nuestros corazones y les haríamos más fácil encontrar trabajo y casa para quien haya cometido un error en su vida. Un miembro que ocupaba una mano para lograr éxito en la vida en vez de ser olvidado y empujado más abajo todavía por no poder cumplir con su probación.

Tener un trabajo o mantener una casa al parecer es algo muy simple y básico. Dígale eso a los 13 millones de personas que no tienen casa ni trabajo en nuestro país hoy día. Dígaselo al interno que van a liberar mañana. Hay otras condiciones de probación que les dificultan más las cosas. Vigilan tus cuentas bancarias y te obligan reportar toda clase de actividad en tu cuenta que se supera a los 500 dólares. Tienes que darles tu información vehicular cada mes, reportando todos los vehículos en tu casa, los choferes y dueños de cada vehículo, las placas, números de identificación personal y el millaje de cada carro. Cada mes. Si tu delito se trataba de drogas, según el juez te tienes que hacer un examen de drogas cada semana o dos veces o una vez al mes. Si faltas, si no te presentas a la cita del examen de drogas, es una violación y directo a la cárcel a la discreción de tu empleador, sino te han corrido ya.

Les puedo decir que la alta tasa de reincidencia no es porque funcionen los programas de probación. La alta reincidencia es justamente porque no funcionan, en combinación con una falta de efectividad de programas de la cárcel, que supuestamente están hechos para ayudarle al interno, con el *shock* de entrar en una sociedad otra vez que ya no reconocen; la probación no hace nada más que mantener las cárceles llenas con población de gente que no debe de estar ahí.

Por favor, no confié en lo que le dice el Sistema Carcelario, sólo dice lo que dice para aparentar ser buenos ante los ojos del público. Están desesperados en mantener la verdad horrible como un secreto; está utilizando dinero incorrectamente para lastimar a la gente cada día.

Hay algo chistoso que dijo la presidenta de la Asociación Correccional de América, la Gwendolyn Chunn. Supuestamente hizo un anuncio sobre la falta de confianza en el Sistema Carcelario: "Rehusamos completamente esa creencia y lucharemos para asegurar que el sistema de correcciones sigua siendo lo mismo y trabajar por las mismas reglas con las cuales las demás agencias gubernamentales siguen". ¡Vaya! ¿Qué quiere decir eso? Como estamos muy seguros de que las demás agencias gubernamentales son corruptas, y que los altos funcionarios son sobornados a cada rato, podemos presumir que la Señora Chunn se refiere a que su organización va a luchar para que el sistema de sobornos que se mantiene en las agencias gubernamentales sea lo mismo para el Sistema Carcelario. Así como se entiende, suena correcto. Pero si está hablando de reglas de ética o morales, no confío ni un gota de lo que dice.

El cuento de Octavo puede ser toda una película. Nació y creció en Tijuana. Viajaba a Japón por un contrato de trabajo para una compañía de computadoras. Aparentemente hay una maquiladora japonesa en Tijuana, justo al sur de la frontera, que no tiene que cumplir con leyes medioambientales ni sindicatos ni sueldos altos ni nada costoso; pero bueno, Octavo se va a Japón, se casa con una japonesa y vuelve a casa. Tienen un bebé justo en San Diego para que sea ciudadano estadounidense. El está trabajando en la maquiladora como técnico bien pagado, dos mil dólares por mes, en Tijuana. Eso es muy buena lana. Uno de los carteles se lleva a su niña y le dicen que tiene que trabajar la frontera un par de veces si la quiere ver viva otra vez. Así que lo hace. Varias veces en una semana, y le agarraron. Habla japonés y también ingles bastante bien.

Nos hicimos amigos porque no sabía mucho sobre la ley y no lo dejaron ir a la biblioteca de derecho las veces que quería. También nos hicimos amigos porque éramos los únicos titulados ahí. La mayoría no tenían título, ni leían suficiente para ir a la biblioteca, y aunque estaban en el proceso, muchos de esos reos del séptimo piso nunca vieron la biblioteca. Yo entré en la lista simplemente por privilegio de ser güero, hablar inglés y ser ciudadano de este país. Pero, Octavo, lucho con diente y uña como se dice en ingles, y ganó su caso. Le dijo al juzgado que había comprado un carro recientemente y lo llevó a un taller en Tijuana. Le dijeron que no tenían el repuesto que necesitaba, pero lo tenían en otro taller en San Diego. Le arrestaron cuando estaba en camino al otro taller en San Diego y no sabía que había mota en el carro. Como había dejado su carro en el taller en Tijuana un par de días para que diagnosticaron el problema ellos tenían que haber puesto la droga en el carro y luego le dijeron que se fuera al taller de San Diego para que entregara el carro a otros ahí que a escondidas iban a descargar la droga sin que supiera él. Última palabra: ¡no culpable! Lo averigüé después de que salí yo. Durante el tiempo anterior a mi salida bajo fianza le ayudé a preparar una solicitud de perdón, para que después si perdiera podría

intentar ser un ciudadano todavía. Era muy listo y preparado.

Es increíble pensar en cuánta gente hay en la cárcel que es muy inteligente. Yo sé, la gente dice,

"pues, no puede ser tan inteligente, porque de lo contrario no estaría en la cárcel". Pero el hecho

de que fueran agarrados con la mano en la masa, es porque el gobierno gastó muchos recursos

para capturar a los pocos que capturan. Porque les digo, la mitad de todos los internos federales

son latinos, la mayoría mexicanos. Es increíble. Y por la situación que existe en la frontera entre

ciudades como San Diego y Tijuana, como he dicho, la población en prisiones que están cerca de

la frontera, la población es como 90 por ciento latina. Por lo menos en los centros de detención y

unidades de internos que todavía están en el proceso.

A esta hora muchos duermen todavía. Es casi agradable, si cierras tus ojos y te imaginas en otro

lado, callado. Es tiempo para una reflexión callada y tranquila antes de que empiece la fiesta del

día. Las rondas de sopas Maruchan o frijoles refritos instantáneos. Totopos, salsa, barras de

peperoni y queso líquido de un tubo como tu pasta de dientes. Gaseosas y si quisieras, hielo de la

máquina de hielo (siempre era un poco riesgoso cuando tienes 200 hombres metiéndose la mano

allí todo el día.)

Por supuesto las tres comidas que te servían todos los días no eran suficientes para mantenerle a

uno, y lo hicieron así a propósito. Aquí en MCC el gobierno no quiere gastar mucho porque los

recursos que dan aquí van casi exclusivamente a indocumentados de otros países. El precio que el

gobierno paga por una comida es de 2.50 dólares por comida. El costo en que incurre el

contratista que provee la comida es de alrededor de 25 centavos. Para almorzar, tienes suerte si te

dan una manzana agria, una lechuga media muerta y un perrito caliente muy viejo y arrugado,

"hamburguesa" o algún otro producto de carne desconocida. Para cenar era más o menos lo

mismo. Y el gobierno lo quiere así para que tú tengas que tener dinero en tu cuenta que te mandan para que puedas comprar algo digestible de la tienda. Así gastas tu dinero complementando tu dieta con comida de la tienda de la cárcel, y el gobierno gana de ti y todo el camino al banco. Y si no tienes dinero, empiezas a perder peso rápido. Como yo. Cuando entre hace 8 semanas pesaba 87 kilos. Cuando salí bajo fianza después de ocho semanas, pesaba 75.

La tienda de la cárcel es un negocio grande. Las palomitas que se hacen en el microondas es algo que genera mucho dinero. A 75 centavos la bolsa es un robo. En algunas cosas el precio no es tan grave, pero cuando se trata de cosas que todos compran porque son baratas, la ganancia es tremenda. En palomitas, por ejemplo, es enorme. Aunque no cuesta mucho, casi todos compran palomitas para comer con su película o deporte que ven en la tele. Y hay algo como 350 mil internos en el sistema federal (sólo federal, no incluye a los sistemas estatales ni locales). Así que si sólo la mitad compran dos bolsas de palomitas (la norma es un máximo de seis bolsas en muchas cárceles) y multiplica por 60 centavos por cada bolsa, da un total de 210 mil dólares por semana sólo por las palomitas. Eso es lo mínimo. Aplica lo mismo con sopas Maruchan. Afuera de la tienda cuestan centavos, en un Wal-Mart, pero el gobierno tiene un precio muy bueno porque compra en masa y con frecuencia. Entonces supongamos que cuestan 10 centavos, y te lo venden en 50 centavos o 75 centavos. Y todos compran esas sopas, otra vez estamos hablando de unos 200 mil dólares a la semana sólo por sopas Maruchan.

Ahora piense en champú, pasta de dientes, chanclas de baño, otros accesorios y ropa. Zapatos y tenis. Y tenis que cuestan bastante también, unos 60 o 70 dólares. Es un dineral. Venden helados también, Ben and Jerry´s, Haagen Daz y pasteles de Otis Spunkmeyer. Y acuérdese que el sistema recibe un descuento grande por haber comprado en masa. Así que la ganancia es mucho más de lo que podemos imaginar.

La parte más siniestra de esta transa capitalista, que impone el sistema encima de los reos, es tan horrible que la prensa no quiere tocarlo. Primero, como si no fuera bastante malo que la familia

Bush controle cosas como compañías farmacéuticas y de petróleo, también tienen control sobre la dispensación de contratos dentro del Sistema Penal. ¿Cuándo podemos deshacernos de esta mala y siniestra familia Bush? La compañía Keefe, que vende casi todo desde café a mantequilla de maní, pertenece en parte a la familia Bush. La cantidad de dinero que se gasta en palomitas cada semana no es nada en comparación con la cantidad que gana Keefe cada semana.

Pregunto si existirían esas compañías si no tuvieran sus contratos con el gobierno federal. La cosa que hace peor esa situación es que los jueces federales son inversionistas y accionistas en esas mismas compañías que contratan con el gobierno federal, compañías como Keefe. Eso representa un conflicto de intereses, sobre lo cual hay leyes que rigen. Es un conflicto de interés, porque si un juez tiene acciones en una compañía que contrata con el Sistema Penal y que gana dinero de los internos entonces le conviene al juez darles a las culpables sentencias largas para que gane más dinero. De hecho, según la ley un juez que es accionista en una compañía que tiene contratos con el Sistema Penal no debe de dar ni una sentencia. Debe de retirarse del juzgado. Pero si intentas mencionar eso en el momento de tu juicio, para castigarte el juez te va a dar la sentencia máxima que pueda, sólo para callarte.

¿Bob Barker? La personalidad de ese programa de la tele, el Precio Justo, pues hasta él tiene su propia compañía que vende jabón al sistema. Esas barritas de jabón que te dan en los hoteles. Pero las barritas que vende a las cárceles portan el nombre de Bob Barker en el paquete y en la barrita misma para que veas el nombre de él mientras estás bañándote. Apuesto que ahorita mismo ese Bob Barker está en algún lado creyendo que está haciendo algo bueno al ayudar a mantener a los internos limpios, mientras en secreto se pone avaricioso por todo el dinero que gana del Sistema Penal por sus jaboncitos. Quién sabe, de la dirección que está llevando este país, la próxima cosa que se les puede ocurrir a esos fascistas es que hagan jabón de indocumentados muertos, como hicieron con los judíos en la Segunda Guerra Mundial en el holocausto.

El dinero que gana del contacto telefónico es enorme también. Tal vez gana más que la tienda de la cárcel. Lo curioso es que todo el dinero que gana el sistema de los internos se supone que se va a lo que se llama "La Cuenta de Fianzas de los Internos". Es el dinero de esa cuenta que se debe usar para las programas de los internos. Programas que requieren recursos dentro de la prisión para preparar a los internos a reintegrarse con la sociedad civil.

El dinero de esa cuenta se debe usar para asistencia financiera a los internos que se liberan pero no tienen dinero para llegar a su casa, o para comida en el camino a su casa. Hay tantos programas que se supone que hicieron con el propósito de mejorar a los internos. Programas de música, carpintería, arte, deportes y educación básica y de la preparatoria. Pero en los últimos años la administración del Boureau of Prision (BOP) ha dicho que no hay fondos suficientes para respaldar estos programas. En MCC no existen. Punto. A los indocumentados no se les ofrecen nada. Hay algunos programas en MCC, como clases de filosofía, meditación y educación, pero se conduce en inglés y los indocumentados no pueden participar. No hay nada en MCC que se pudiera considerar como servicios de rehabilitación. Un guardia me dijo que no se rehabilita a nadie, sólo nos ponen aquí para almacenarnos hasta la fecha de liberación.

Pero, curiosamente, hay bastante dinero para respaldar a programas religiosos, y casi exclusivamente cristianos. ¿Libros? Toneladas de libros cristianos. Pero sí hay unas copias usadas y maltratadas del Corán como para que puedan decir que a final de cuentas no son unos racistas vigotas. A veces hay libros de yoga o budismo que llegan a la cárcel, y esas copias están son agarradas o robadas por los internos y no las ves otra vez a no ser que conozcas a la persona adecuada para preguntarle. Si el BOP simplemente gastara el dinero en lo que se debe gastar, entonces habría copias de libros de todas las religiones. Habría muchos servicios de rehabilitación o para ayudar a los internos.

Ah, y si alguien te dice que sí, que hay servicios adecuados, los vieron en un tour de la cárcel.

¡Qué tonterías! Todos los tours que hacen de la cárcel están orquestados para que no se vea lo que realmente está pasando ahí. Antes de que llegue cualquier tour a una unidad, los oficiales de la prisión pasan por ahí y a la fuerza obligan a todos los internos a limpiar todo súper bien. Una vez nos convencieron de limpiar bien ofreciéndonos un premio por ser la unidad más limpia de todas, y ganamos. ¿Nuestro premio? Una bolsita de palomitas, hechas ahí mismo en la unidad. Le dije a alguien en ese momento: "¡ya llegó el circo!"

Que el ministerio, el BOP, dice que no hay dinero en la cuenta de los internos es una mentira muy grande. Es que no está gastando ese dinero en lo que se debe gastar y entonces para cubrir sus huellas cuenta mentiras. Adonde se va el dinero, nadie sabe porque no hay ni agencia, ni mesa directiva, ni comité que tenga autoridad de investigar el ministerio y su presupuesto anual. Ni juez ni diputado ni senador, nadie. El único que puede decirle a esta entidad fantasma que hacer, es el Procurador Federal del estado. Tal vez a él le gustaría decirnos a donde va todo el dinero de la cuenta de los internos.

AT&T es la única compañía que tiene un contrato para servicios telefónicos con el gobierno federal, para que los internos pueden llamar a sus seres queridos. Y el hermano grande allí escuchándote también. Es posible que si no fuera por su contrato con el gobierno federal, AT&T dejaría de existir. Pero como sí lo tiene, va a trabajar en conjunto con el Sistema Penal. Goza de todos los privilegios de un contratista federal.

Como AT&T sabe que los internos no tienen derechos del consumidor para exigir un precio justo por el rendimiento de sus servicios, roba de los internos de la manera más gacha. Normalmente el costo de una llamada que se hace de tu casa a otro estado o de larga distancia dentro del mismo estado, es 3 a 10 centavos al minuto hoy día, pero en la cárcel AT&T está cobrando 25 centavos al minuto para llamar a tus queridos. ¡Tal vez no debes quererles tanto! Si es una llamada de cobro revertido o llamada por cobrar como se dice en México, el costo es de entre $1.75 a $2.75, por minuto. Las palabras violación y saqueo me suenan. Violación porque AT&T está aprovechando en la falta de derechos, y el BOP los deja, y no hay nadie para prevenir que les quiten tanto dinero por sus llamadas a sus queridos. Saqueo porque el dinero que ganan de esas llamadas, que se supone debe irse a la cuenta de los internos, no llega ahí. Y nadie sabe a dónde va. Y cuando el BOP dice que no hay dinero es porque se ha ido a otro lado. ¿Por qué lo digo? Pues, haga cuentas matemáticas conmigo un minuto. Si tienes a 350,000 internos haciendo llamadas todos los días, semanas etc., y si se les permiten 300 minutos al mes a cada uno y supongamos que AT&T está cobrando 15 centavos de más (muy poco, es más como 20 pero supongamos), pues es más o menos unos 15.75 millones de dólares por mes y es una cotización mínima. Sólo por las llamadas normales también. No estoy incluyendo a las de cobro revertido. ¿Dónde se va todo ese dinero entonces? Sólo podemos imaginar. Y el BOP no nos va a decir. No se destinan a los programas de rehabilitación porque no los hay en realidad, y no es posible que esos recursos para arte y deportes cuesten tanto, debería de haberlos. Con sólo lo que gana AT&T y los demás servicios que se ofrecen, en un mes, creo que todos los programas tendrían el dinero y recursos suficientes, si se destinara el dinero correctamente.

Justo cuando estoy pensando en esas cosas alguien se acerca para hablar con migo en mi último día aquí. Es uno al que le llaman Chanchamon, o Don Chuy. Chuy por Jesús o Chubaca" de la *Guerra de las Galaxias*, porque algunos creían que se veía como el extraterrestre ese. Siempre oraba con nosotros en la noche justo antes de irnos a la cama cuando apagaban las luces y antes de la cuenta de la noche.

De unos cincuenta hombres de los dos ranchos siete y ocho, alrededor de 23 hombres enlazaron manos y rezaban juntos cada noche. Todos rezamos cada noche por un milagro que nos liberara. John, él que ocupaba la litera debajo de la mía había estado liderando el grupo antes de que yo llegara. Desde que llegué había estado traduciendo para todos, para que todos entendieran lo que estaban diciendo los demás en ambos idiomas. Podías sentir una energía pasando por el grupo. La diferencia entre los ranchos en la unidad, por ese hecho, era increíble. A través de orar juntos forjamos una comunidad. Otros ranchos no rezaban juntos y se podía ver la diferencia. Don Chuy siempre estaba allí. Y hasta la fecha creo que John está ahí

–Eh Ritchie, ¿cómo estás?

–Bien Chuy ¿qué pasó?

–Ritchie, me están diciendo por ahí que tú lograste sacar el Butridge de acá. ¿Es cierto? ¿Si fuiste tú?

Sólo dije: "Ay, don Chewey," y lo dejé así por un momento a ver que iba a hacer si no le decía. Él realmente era un buen hombre. Dicen que traficaba con humanos pero no forzó a 20 personas a entrar a su tráiler con aire acondicionado. No estaba vendiéndoles como esclavos. Simplemente estaba ayudándoles a cruzar la frontera. Alguien que traficaba con humanos quiere decir algo diferente para mí, alguien que obliga al otro a hacerlo. Chuy también tenía una familia que alimentar. No fue culpa de él exactamente, que su gobierno ni los ricos de su país no pudieran proveerlo de un sueldo digno en su país. Pobrecito. Creo que al final consolidaron sus cargos a uno sólo y estaba al punto de firmar por una sentencia de 40 meses.

Le dije el pedo. Había un oficial que se llamaba Rutlidge y nos despertaba todos los días a las 5:30 gritando que era tiempo de levantarnos aunque no era obligatorio salir de tu cama ni levantarte si no querías. Fue un ex marino y él estaba acostumbrado a levantarse tan temprano y como castigo por un crimen del cual todavía no nos habían condenado, nos quería levantar. Todos estábamos hasta la madre con ese güey.

Yo le llamaba Butridge porque eso quiere decir "el cauce del culo" o algo así. Cuando nos encerraban, tenías que ir corriendo a la puerta de tu rancho a entrar a tiempo porque si no te mandaban al hoyo. Al Butridge le encantaba llamarme Richard Simmons. Unos días antes pasé por la puerta justo antes de que la cerraran para la cuenta de la mañana y el Butridge dijo en voz muy alta:

–Venga, va, Richard Simmons, vámonos.

Entonces tomé la oportunidad de llamar a mi ex esposa justo después de la cuenta y le dije (y a los federales escuchando la llamada también) que el oficial Rutlidge me había tocado a los pompas cuando me llamó Richard Simmons. ¡Vaya, que impacto! Olvídate de intentar resolver problemas de la manera oficial rellenando papeleo de quejas. No vas a lograr nada así. Nada más llama a alguien por teléfono y dígale tu queja, y el hermano grande que te está escuchando llegara a resolvértelo.

Justo al día siguiente encerraron a toda la unidad y el teniente vino a hablar conmigo sobre una situación de abuso. Le dije como el oficial me había tocado en el culo y me llamó Richard Simmons cuando nos encerró. Eso fue el fin del oficial Butridge. Fue entonces cuando empezaron a llamarme "Ritchie of Oz". Ya no teníamos a ese güey despertándonos a las cinco de la mañana y todo gracias a Richard Simmons. "Y uno y dos".

Había un libro de ese güey en la biblioteca de la prisión. Un libro de él cuando era joven en los años setenta. Era muy joven y tenía lo que se llama en ingles un "afro" o "fro". Cabello enorme y rizado o chino como se dice. Fotos de él haciendo su ejercicio aeróbico. Cada vez que iba a la biblioteca, había un payaso u otro con el libro esperándome para que hiciera la comparación y que me señalara con su dedo diciendo "¡sí, es él!". Me valió. La mayoría no sabían o no les importaba. Los guardias tampoco, a la mayoría (con la excepción de Butridge) le valió madres a quien me parecía.

Los guardias desafortunadamente eran más ignorantes que algunos de los internos. En gran parte eran ex militares quienes no podían encontrar un trabajo en el sector privado/civil si su vida se lo dependiera, y después de años de servicio a este país imperdonable y sin saber perdonar. Y empiezan con un sueldo de $2 mil dólares por mes, brutos. En San Diego un sueldo así no te llevaba lejos. Entonces, como resultado se les ofrecen los trabajos a unos pendejos ignorantes que trabajan aquí. Y con ellos se evapora la esperanza de que haya un poco de compasión para los internos. Los internos solían bromear y cotorrear con algunos de los guardias que al parecer eran un poco más consientes e inteligentes. Un guardia llamado Ramírez sí se enojo una vez. Un mexicano joven al que le llamaban chilango le dijo a Ramírez que debe renunciar su trabajo y le consiguiera un trabajo en la frontera siendo agente sobornado. Le dijo; "ganarías mejor dinero de los $2,000 que ganas prostituyéndote al gobierno."

"Pero no podría estar ganando más lana que tu mamá en las calles de Tijuana, ¿verdad que no?" dijo el guardia. A eso el chilango se enojó y le dijo:

"Sí, mejor dinero, pero no mejor dinero que tu mamá en las calles de Compton. Escuché que el pinché Snoop Dog la cogió bien".

Con eso el guardia aplastó al chilango contra la pared, lo esposó y le puso en el suelo un segundo y esperando su escolta al hoyo. Nos encerraron por eso también por supuesto. La mayoría del tiempo los internos se van al hoyo porque merecen irse. Otras veces los guardias simplemente quieren imponer su ego y fuerza de voluntad encima de algún interno que no le gusta.

El hoyo. También conocido como SEG (Segregado, un término que ya no les gusta usar) o SHU (Solitary Housing Unit), o Solitario. Las horribles verdades jamás podrían salir del hoyo porque para hacer eso, se expondría lo fea que es la condición humana actual. Para hacerlo tendrías que reunir a todos internos pasados y presentes que hayan ido al hoyo para que den su testimonio. Pero el BOP y los peones (minions) secretos del gobierno federal, los Trilateralistas, Iluminatii, Masonas, Builderbergers y esa famosa sociedad secreta, La sociedad del Cráneo y Huesos les cazarían si intentaran exponer esos hechos siniestros del hoyo. Los matarían antes de pudieran dar su testimonio. Y si no, por lo menos encontrarían algo mal o ilegal con cualquiera que intentó hacerlo y usar esa información en su contra para meterlo otra vez en la cárcel, antes de que pudiera testificar de las atrocidades crueles que pasan todos los días en las cárceles de nuestra nación. Que estén seguros también de que los internos mismos a veces instigan la revancha de guardias. Y las historias que siguen son de internos que estaban mal o locos antes de que llegaran al hoyo.

Uno acaba de regresar del hoyo donde le tenían por un par de semanas. Estaba en una celda dos metros por cinco con una litera y dos colchones de plástico en el suelo cercándola. Un hoyo por cuatro. Es que, muchas veces cuando te mandan al hoyo, te meten en el hoyo con tres o cuatro más. Es parte del castigo. Cuatro hombres en un área apretada con una tasa abierta allí mismo en la esquina, de alguna manera te va molestar. Sólo los que piden custodia protectora reciben su propio hoyo. Todos los demás reciben una mierda, casi literalmente.

Entonces el güey que regresa del hoyo nos informa de unas historias increíbles ahí. Hay dos hermanos que están dentro por haber matado a agentes de la FBI. Estaban esperando una sentencia de vida entonces no les importaba nada de comportarse bien. Les llamaban Tronco Grande y Tronco Chico. Un día la señora del Tronco Grande vino a visitarlo. En todo el sistema los reglamentos de visita son diferentes. Cada prisión tiene su modo de manejarlo. Algunas salas de visita tienen guardias, y otras no. En las de MCC tenían cámaras de video así que no había guardias. Vigilaban desde un cuarto de control. Sólo si ven que algo está pasando entonces entran.

Entonces allí está el Tronco Grande con su vieja. Estamos hablando de un hombre de unos 130 kilos y su vieja que pesa algo semejante. Y ¿Qué hacen? Empiezan a hacerlo ahí mismo con ella en la mesa bocabajo. Imagínate la cara del guardia que está vigilando por el video, cuando ve a esos personajes enormes agitándose como grandes trozos de gelatina. Y puedes imaginar, tienes que entrar y apartarlos y llevarlos uno al hoyo y a la otra para fuera. Lo que pasó es que no podían según la historia y Tronco Grande seguía hasta que acabó, porque los guardias no eran bastantes fuertes para separarlos de esa posición y después los llevaron.

Pero lo que pasó después fue peor todavía. Si le pegas a un guardia son cinco años extras a tu sentencia y la única cosa que pasa es que te llevan frente a un juez y te declaran culpable, te dan cinco años y es todo, porque nadie te va a creer ni escuchar de todos modos. ¿Pero si ya te dieron vida que importa verdad? Y al Tronco grande le dieron su propio hoyo porque dijo que si lo ponían con otros iba a desayunarlos. Pero una vez que lo metieron en su celda solito él agarró su colchón y lo aplastó contra la puerta y la ventana para que los guardias no le pudieran ver. Y eso va en contra de los reglamentos de visibilidad en tu celda. Así que por su puesto algunos guardias tenían que entrar para quitárselo. Y cuando entraron les dijo que iba a estar sirviéndolos como botanas. Aparentemente fue cierto porque mandó a unos guardias al hospital gravemente heridos y nunca volvieron a trabajar. ¿Dónde está la rehabilitación en el Sistema Penal y que es lo que nos hace falta como sociedad que existen individuos así? Obviamente no estamos ayudando a todos que necesitan ayuda porque nadie debe de estar comportándose así. ¿Qué les pasó a esos dos hermanos, que les hizo caer en la cárcel y porque el sistema no hace nada para ayudar a gente así antes de que llegue a ser demasiado tarde?

La historia del Tronco Chico y como llegó al hoyo es un poco diferente. El estaba en una unidad de seguridad máxima esperando su juicio. De alguna manera había importado una onza de mota (más o menos un puño grande). Está bien si tienes aire libre. Pero cualquiera que ha estado allí en MCC sabe que sólo hay aire libre una vez a la semana cuando te llevan al techo por tu única hora de recreo en toda la semana. En tu unidad todo está encerrado así que si prendes un gallo o tomas un sólo jalón va a oler y el olor va a persistir. Supongo un jaloncito en algún lado correcto, donde sale el aire de la unidad de vez en cuando, pero no todo un gallo en tu celda. Pero la cosa era que Tronco Chico no era muy inteligente y fumaba a lo loco y vino un guardia y olió algo extraño.

Tronco Chico se espantó y tiró toda la mota en la tasa justo antes de que entrara el guardia en su celda. Tiene que haber olido mucho dentro de su celda y el guardia le dio un tiempo muy duro pero como no hubo evidencia no pudo hacerle nada. Esa fue la primera vez. La segunda vez este idiota importó su mota, él en seguida empezó a fumar un buen durante el día y en seguida le agarraron y le pegó al guardia que agarró su mota y así se fue al hoyo con cinco años más. De ahí mandan a gente como ese a una cárcel de seguridad máxima, de la cual nadie sale con vida. Cárceles en las cuales los internos importan heroína y otras drogas y las hacen ahí en las yardas delante de las guardias y no les importa. Cárceles donde internos cogen a otros internos en sus camas cuando pasa el guardia y el guardia no hace nada, se mira al otro lado. Cárceles donde, dependiendo quien eres puedes fumar un gallo y hablar en tu teléfono celular y si te ve un guardia no te dice nada.

Si es la cárcel penitenciaria, la máxima de Atlanta por ejemplo, supuestamente había una asistente del dentista que por unos 500 dólares de estampillas de correo te coge en tu cita del dentista, 100 por sólo su boca. ¿Quién de veras sabe hasta que profundidades horribles se cae la condición humana en esos lugares todos los días? Estos lugares como Atlanta son lugares donde, si la llevas mal con alguien y no lo resuelves rápido, uno se muere. No es como en la sociedad donde si tienes una bronca con alguien puedes huir caminando o en tu carro o en algún transporte o irte a casa y esperar que no lo vuelvas a ver. Creo que el transito en masa nos ha guiado a ser menos responsables en nuestras relaciones interpersonales, porque si tienes una bronca con alguien en tu familia hoy día, puedes marcharte en avión, camión, tren o carro y huirte en vez de enfrentar a tus problemas. Y entonces así las cosas no se resuelven. Pero en la cárcel no hay un lugar a donde huir, a menos que sea otra cárcel, pero eso es dificil de resolver o conseguir que te muevan a una nueva cárcel y si lo logras toma tiempo y normalmente significa una estancia en el hoyo por hasta seis meses antes de que te muevan.

Estos cuentos no hacen el caso exactamente para decir que debemos tener más compasión en nuestras cárceles. Pero la cosa consiste en que, en algún momento en el camino de alguna manera la sociedad le falló a esta gente. Tal vez muchas veces. ¿Quién soy yo para decir que ha fallado? Recuerda, no hay ni uno de nosotros que pueda decir que es el único con la respuesta entera. Sólo puede tener una parte. Y esa parte es con lo que contamos para contribuir.

El hoyo. ¿Qué mala onda no? Tal vez hay alguna película de Hollywood por ahí sobre la pinta, ¿y qué importa? Hasta MTV tiene su show de "La Tierra de Oz", pero no creo que el público americano en general capte como es en realidad. No sólo el hoyo, todo. Todo este esquema carcelario que hemos hecho. Ni siquiera los que están más cerca al sistema, los que están en el sistema de "justicia", ellos tampoco saben. Los Procuradores, defensores, ni nadie. Toda clase de chisme corre por ahí, también de que el BOP está recortando su presupuesto anual justo en un momento que la población en la cárcel está creciendo 3 por ciento en 2002, 3 por ciento en 2003 y 3 por ciento en 2004. La paradoja grande de este número, es que de alguna manera siguen teniendo bastante dinero para construir nuevas prisiones, gastando miles de millones en su construcción, y asegurando sus fondos para su personal en el futuro. Y no sólo no hay una mesa directiva vigilando el presupuesto, no hay nadie, ni juzgado, ni congreso, ni juez que tenga jurisdicción sobre lo que pasa dentro de las cárceles. Y que se vigila, o que se maneje como lo proponen a cada rato en la tele, es una transa más grande que cualquier transa que puede hacer un pocho o un cholo de la calle.

Y ya que estamos hablando de transas, que tal si hablamos de cómo el gobierno les transa a la gente de su dinero en la forma de impuestos. Revisemos unos números para ver que tanto se gasta cada año en la frontera, y durante el proceso judicial y después de sentenciar.

El dinero que se gasta en la frontera, como dije, es difícil de rastrear a donde se va. Tendríamos que preguntar a cada uno de las diferentes agencias cuánto gasta en la frontera y hacer la suma total después. Pero no tiene sentido ni preguntarles porque no importa, los números que te darían no serían ciertos. Y aunque de verdad, honestamente quisieran decirte la "verdad", aun así los números no estarían correctos. Lo que se gasta en la frontera es gigante, y a la vez no suficiente. La razón, es la manera en que se lo gastan. Y cuando lo reduces a los sueldos de los agentes de la frontera y las aduanas, el sueldo no puede competir contra los sobornos y mordidas astronómicas que los carteles se les ofrecen para "mirar al otro lado".

Después de que le agarren a uno es cuando podemos empezar a rastrear a donde se va el dinero y cuanto le cuesta a la persona que paga impuestos. Todos estos números que les voy a dar son de la oficina administrativa de los Juzgados de Estados Unidos con fecha de 24 de mayo, 2006. Tomen en cuenta que estas son las cifras después de años de recortes al presupuesto.

Cuando le agarran a alguien cruzando la frontera, sea güero, negro o Mexicano, se les aloja en seguida por Migración y Aduanas hasta que se les procesen y les entregan a los mariscales federales. Lo que le puede costar a Migración y Aduanas esta primera parte de su "servicio" nadie está seguro. Pero en el momento que se les entrega a los mariscales federales y se los manda a quedar en un centro de detención, el costo por día es $62.09 (dólares) al día. Así dice la oficina administrativa del Juzgado de Estados Unidos. Un $1888.78 al mes. Eso no incluye el costo de transporte, ni servicio médico ni dental para el reo mientras están bajo arresto. Cuando comparas el costo de $62 al día para detención de esa persona con lo que cuesta para alguien que está libre bajo fianza, tienes que preguntarte porque no les dejan a más salir bajo fianza si no cuesta casi nada. ¿Por qué no dejan más salir libre bajo fianza? Tanta gente equivocadamente denegada libertad bajo fianza y alguien ganando mucho dinero de su estancia en la cárcel. Si al reo se le permite salir bajo fianza, para vigilar esa persona antes de que llegue la fecha de su juicio, cuesta $5.70 al día, o $173.9 al mes, comparado con $1888.78. Eso si es que permiten salir mientras estás esperando tu juicio. Lo que no se incluyó la oficina administrativa es el costo de un juicio, lo cual si alguien lo pidiera costaría unos $40,000 para un juicio corto y fácil casi sin testigos hasta $100,000 y más para juicios más largos y complicados. Podría ser un millón de dólares si hay múltiples dependientes, testigos, oficiales, investigadores abogados y mariscales, todos necesitados para condenarle al reo, o exonerarlo.

Si les condenen, que es el caso con la mayoría, juicio o no, entonces ¡a la cárcel! Donde sube la tasa diaria a $64.19 que es el gasto promedio al día. Eso es $1952.66 al mes por un reo. Y como digo, no incluye otros gastos como transportación del reo de una cárcel a otra, por ejemplo. Y no incluye gastos médicos ni dentales. No incluye el costo de visitaciones al reo por parte de sus familiares, o su abogado. Cualquiera cosa y su gasto relacionado fuera de lo que es el día normal del reo, que se va a comer y atrás a su celda, no está incluido en el presupuesto de la oficina administrativa. No incluye por ejemplo que se le mande al reo al hoyo, solitario. Eso es un gasto enorme allí. Sólo la transferencia de alguien al hoyo es un gasto. Sólo en la transferencia al hoyo del reo se requiere seis guardias con muchas armas (escopetas principalmente).

Ahora, podrías decir que sesenta dólares al día no es mucho cuando se considera la necesidad de castigar a los culpables(o debo decir los a veces culpables) Pero cuando metes los costos de citas medicas y dentales el costo es increíble (¡Dificil de Creer!). Para la mayoría de cirugías muy técnicas la cárcel le llevan al reo al hospital más cercano. El gobierno no tiene un trato con los hospitales, así que el sistema de cárceles paga duro por sus reos. Sólo una apendectomía simple cuesta $15,000. Así que cualquiera cirugía complicada hace subir al cielo esa tasa promedia diaria de $64.19. Ahora añade costos dentales y mi adivinación es que la tasa diaria es más como $150 a $200 al día- como un promedio. Podrías decir "cómo crees" o "no te creo." O "¿cómo llegaste a esa cifra?"

En el pasado, debajo del presidente Ronald Reagan, se les proporcionaron unas sentencias muy largas, locas, basadas en unas leyes muy draconianas que requerían lo que se llaman "mínimos obligatorios" y crímenes de "tres veces y fuera". Entonces en esa época, los dependientes fueron dados sentencias de cómo 20 a 40 años. Entraron a la cárcel como hombres jóvenes y saludables sin problemas de salud. El problema de tener estas clases de sentencias es que es inevitable que su población en la cárcel se envejece. Y cuidado cuando se hace viejo porque cuando sí, el costo es más grande. Aunque son prisioneros gocen de los derechos a cuidado médico y dental. El gobierno federal tiene que pagar por estos servicios porque no puede ir a un prisionero a decirle que "pues, esperamos a la apendectomía a ver si se mejora tu apendicitis." Eso sería una violación de sus derechos. Entonces, por cuatro décadas el gobierno ha estado pagando por cada individuo, un millón de dólares en costos promedios diarios y gastará un millón más sólo para mantenerle saludable al reo. Y eso es el "promedio", porque cada persona tiene diferentes necesidades que requieren diferentes atenciones médicas, haciendo que el costo varia de individuo a individuo. ¡Imagínate! Habrá un prisionero por allí que le habrá costado al gobierno 10 millones de dólares en gastos médicos.

Luego, suponiendo que el prisionero sobrevive su sentencia, se le bota atrás en la trampa que es la sociedad y allí fracasa. Después de haberse puesto viejo en la cárcel, los prisioneros no tienen las habilidades ni fuerzas para agarrar un trabajo en este mundo moderno y cumplir con todos los requisitos de su libertad condicional. En algunos distritos los oficiales de probación son tan ignorantes como los guardias que trabajan en la cárcel. Supuestamente $9.45 al día. Añades una prueba de drogas al mes y un cateo de la casa y la tasa sube. Una prueba de drogas cuesta alrededor de 20 dólares en una tienda. El gobierno tiene una versión más sofisticada pero el hecho de que probablemente reciben un descuento por comprar en masa supongamos que su versión le cuesta 14 dólares. El promedio, (no queramos enojarles allá en la oficina de contabilidad general del gobierno), a un ex convicto se les aplica una prueba de drogas dos veces al mes. Ahora bien, algunos sólo les aplican la prueba tres veces en total porque su crimen no fue un crimen de drogas. Pero a alguien que sí cometió un crimen de drogas, se les aplican una vez a la semana.

Antes de que les liberen, unos prisioneros van a lo que se llama un Centro de Corrección Comunitario por unos meses. Algunos se quedan más tiempo que otros, depende en que tan largas eran sus sentencias. Más larga la sentencia, más larga la estancia en el Centro. Y estos centros a veces están manejados por compañías privadas.

No importa quién los maneje, son unos intermediarios costosos a la sociedad. El costo mediano diario en un Centro es $57.10 al día por prisionero. La función principal de estos lugares es para que uno agarre un trabajo y encuentre un lugar para vivir antes de que te vayas del Centro. Eso es lo que quieren- que te vayas antes de que se acaba tu tiempo. Porque desde el momento que uno entra a esos centros, ganan dinero de su estancia. De hecho, el centro habrá ganado dinero del gobierno federal y del prisionero. El centro está ahí para proveer el servicio de reintegrarse a la sociedad y dispone de los recursos para "ayudar" a hacer eso, porque realmente parte de la misión del centro es hacer al prisionero un miembro responsable de la sociedad otra vez. Eso quiere decir que en cuanto obtengas un trabajo tiene que empezar a pagar renta – al centro, por tu cama. Y el centro se apodera de tu cheque y arregla todos los asuntos financieros hasta que el prisionero sale del centro. O sea, independientemente de que el centro gana dinero, $57.10, al día del gobierno federal para cubrir tus gastos, te cobran a ti otra vez más por el mismo gasto. La mayoría están manejados por empresas privadas también como he dicho. Y definitivamente, los manejan para ganar dinero. La conversión de prisioneros en los centros es tan rápido. Te hundes o nadas, no importa. Si no agarras un trabajo dentro de un tiempo estipulado, te mandan a la cárcel otra vez a completar el resto de tu sentencia, porque si no trabajas, no puedes pagar por tu espacio y no te quieren ahí porque quieren ganar ese dinero a fuerza. Si "nadas" entonces agarras una chamba y te exprimen un poco de lana para la renta por unos meses antes de que te vayas y de allí te botan a la sociedad a ver cómo le haces.

De servicios pre-juicios de detención y libertad condicional supervisadas, porque algunos si salen bajo fianza, y hasta servicios después del juicio como la cárcel, los centros y la libertad condicional con su oficial de probación o *probation officer*, cada prisionero cuesta mucho dinero a la sociedad. Dinero gastado inútilmente, que se pudo haber gastado de otra manera.

Estas cosas deberían ser examinadas un poco más por todos como una conciencia colectiva, para conocer la eficacia de los sistemas judiciales y carcelarios; para averiguar si todavía nos sirven, en qué capacidad, estoy seguro que los fundadores de la patria no tenían todo esto contemplado cuando crearon la rama judicial dudo que hubieran pensado en un sistema carcelario como él que tenemos hoy en día. Todos tenemos que llevar las consecuencias sociales y aportar el gasto económico por haberles negado a esta gente alguna clase de ayuda, en algún momento del camino. Esa actitud de "pues... habrán hecho algo mal para merecer estar en donde están ahora," ya no funciona. Pregunta a los que pidieron su rescate si no me cree. Además, esa actitud demuestra la falta de compasión que se supone tienen los ultraderechistas, dominados por los "Cristianos". Sí, tal vez estos individuos en la cárcel tomaron una mala decisión en algún momento en su vida, pero eso no quiere decir que no pueden encontrar la redención. Negarles la oportunidad porque eligieron una o dos veces mal, sólo asegurará que seleccionen mal una tercera vez; porque lo que sigue es una espiral hacia abajo, en la que el individuo sufre lo que en psicología suelen llamar "determinismo social". Eso pasa cuando la sociedad, a través de los juzgados y las cárceles afirma al individuo, que él o ella no es bueno o buena. Con tanta gente que te dice todo el día que tú no eres bueno o buena, acabas creyéndolo. Eso es de alguna manera el determinismo social.

Consideremos todo ese dinero por un momento. En vez de haberlo gastado en cárceles para invalidar la vida de esas personas, ¿qué tal si, simplemente se le hubiera dado el dinero a esa gente pobre que se sentía incapaz de hacer otra cosa más que romper la ley para sobrevivir? Porque a final de cuentas estamos hablando de unos 23, 431.92 dólares al año que era el costo promedio para encarcelar a alguien en Estados Unidos hasta 2006 (La cifra debe de ser mucho más grande hoy en día). Es mucho dinero para una persona pobre. ¿Para qué arriesgarse? Algunos dirían. ¿Por qué? Porque si gastas ese dinero en lo que llamo, el lado delantero de la sociedad, yo creo que una fracción muy pequeña de los que ayudas con dinero van a volver a cometer un delito. Por todos lados se puede observar el bien y el mal. Entre toda la gente a quienes se podría distribuir el dinero sólo una parte pequeña acabaría en la cárcel. ¿Por qué no hemos de gastar el dinero de una manera positiva? Así podríamos validar a los miembros de nuestras sociedades empoderándoles económicamente para que tengan éxito. Porque, ¿no es eso de lo que se trata el capitalismo? Juntar el dinero para capitalizarse de este. Si es eso de lo que trata la idea del capitalismo, ¡entonces es un fracaso asombroso y completo! La mayoría de la gente en el país capitalista número uno (supuestamente) no logran ganar lo suficiente para juntar el dinero necesario para capitalizarse de ello. ¿Entonces, para qué participar? En general es por eso que la mayoría de la gente se lanza a cometer un delito.

En una zona donde los reos esperan su juicio o de pre juicio, la mayoría está intentando aguantar, no más. Yo mismo me estoy viendo con unos dos o tres años aquí, así que estoy intentando tomarlo con calma. Algunos mucho tiempo más, y les vale el buen comportamiento. Prefieren empezar cosas con otros para "hacerse de un nombre". Peleas y otras cosas. Principalmente mexicanos, *paisas*, hermanos de la frontera, sureños, norteños y alguno que otro güero que está pasando por MCC. Para que "se hagan de un nombre", intentan demostrar a los demás que son "muy chingones", metiéndose en peleas con los más grandes que puedan por ejemplo. Es como un rito de pasaje. Una vez que se llega a donde tienes que ir dentro del sistema, la política en la cárcel toma un giro hacia lo peor. En los centros de detención no es tan malo, pero en las cárceles de seguridad mediana a alta, hay una búsqueda por el control sobre la población, que a veces se vuelve una guerra plena. Las diversas pandillas de mexicanos y centroamericanos como *Los Mara Salvatrucha* controlan el funcionamiento interno del sistema carcelario simplemente por sus números. Cuando pelean, los oficiales de la cárcel mandan a sus guardias vestidos de granaderos con gas lacrimógeno y con armas. Cuando eso pasa, pueden encerrar a una cárcel entera en sus celdas por días y alguien va "al hoyo" por eso, aunque sólo sea porque tienen que justificar el gasto de enviar a todos esos guardias de uniforme de granaderos. Porque el costo al enviarlos es doble al costo normal. Sólo por ponerse el uniforme, el guardia recibe lo que se llama *pago de peligro* por ese día. Cuando eso pasa el director de la cárcel, se vuelve la segunda persona más poderosa en el estado en el que está ubicada la cárcel. Eso porque a discreción del director, puede mandar a pedir al gobierno del Estado, La Guardia Nacional para apoyar y acabar con un mitin. De hecho, si las cosas realmente se ponen feas, el director puede hacer uso de los reglamentos de Agencia Federal para Manejo de Emergencias (FEMA) y se sabe del desprestigio del que goza esa agencia.

Si llegara una guerra a nuestras costas, a nuestra tierra, a los reos federales se les aplicaría un gas para acabar con ellos, bajo el supuesto de procedimientos de emergencia nacional. Las cárceles fueron construidas de tal manera que no es necesario llevar a nadie a la cámara de gas; es parte de las especificaciones del diseño de la construcción. El sistema de riesgo contra incendios dentro de cada una de las cárceles fue diseñado con una propuesta dual; Si se ordena, se puede quitar toda el agua y llenar el sistema con gas mortal, y ya, listo para prender. Así que, si la guerra llega a Estados Unidos, todos los prisioneros federales podrían ser exterminados como ratas.

El pretexto de este plan de emergencia es asegurar que ninguno de esos "malandrines" se escapen y se junten con las fuerzas invasoras. Libera a los guardias para regresar al servicio activo de combate (muchos de ellos son ex militares). También es así para que el gobierno tenga un segmento menos de la población por quien preocuparse, un segmento que es *non grato* en tiempo de guerra. Estos argumentos que inventan son perfectos y convenientes pero todos guían a un solo tipo de pensamiento emanado del gobierno y los que nos controlan dentro de él. El pensamiento se llama Fascismo. Si vamos a gasear a los reos, pues deberíamos gasear a los desamparados y mendigos de la calle, porque ellos también serían capaces de juntarse con las fuerzas invasoras. ¿Cuántos desamparados hay en este país?

-Mientras tanto, gaseamos a los que ganan sueldo mínimo-, también serían capaces de juntarse con las fuerzas invasoras con la esperanza de una vida mejor. ¡Ay caray! Estoy seguro que el gobierno ya tiene su plan para llevar eso acabo. Y si seguimos, incluso podrían agregar a cualquier tipo sospechoso, que aparente tener pensamientos que no coinciden con las pólizas de la administración actual.

Si quisieran matar a los reos no tendrían que hacer mucho. Cada unidad tiene dos máscaras de gas que se encuentran ubicadas en la oficina de los guardias. Faltan tantos guardias, que rara vez hay más de dos en cualquier área dentro del sistema. Si la palabra llegara de FEMA, los guardias solo tendrían que estar seguro que todos estén en sus celdas y ya. A cada rato nos encierran y casi nunca sabemos por qué, cuando es un cierre fuera de la hora normal. Podría ser una cuenta o que algo está pasando. Después de encerrarlos a todos, el guardia o los guardias sólo tendrían que ir a sus oficinas, cerrar las puertas de extra seguridad, ponerse la máscara y esperar hasta que se emita el gas y ver morir a todos como ratas. ¡Después a su vida normal!

La mayoría de la gente no sabe de los planes que el gobierno, tiene para "protegerles" si las cosas van por las "malas". Cada vez que nos encerraban pensaba, ¿qué tal si esto es lo último? O a veces miraba a ver si estaban poniéndose las máscaras. Porque, a fin de cuentas, estábamos en guerra, y por definición la guerra había llegado a nuestra tierra. La guerra contra el terrorismo empezó con el 11/9, y el gobierno tuvo que sustentar con diferentes pretextos sobre lo que es una guerra, como se define, etc. Entonces no sería nada sorprendente que intentaran redefinir a su conveniencia las palabras "guerra en nuestra tierra" para decir que necesitan gasear a los reos como los Nazis hicieron a los judíos. Los encerrones y sus ramificaciones eran suficientes para que yo quisiera salir lo más pronto posible.

Estos miedos nos persiguen todos los días, los admitamos o no. A través de todo el sistema carcelario, los hombres (y mujeres) viven con miedos secretos y personales sobre muchas cosas. La mayoría nunca lo admitirán. Quieren que piensen que ellos son "gachos", fuertes y valientes. Algunos lo son. El resto son hombres (y mujeres) normales con sus miedos, inseguridades y preocupaciones como cualquier otra persona. Se preocupan por sus familias que están allá afuera. Se preocupan por la seguridad de sí mismos ahí dentro. Aunque también algunos de sus miedos son anormales o irrazonables. A veces el miedo puede ser una respuesta sana a una situación. Un doctor que tiene miedo de cometer un error en una cirugía puede ser bueno. Probablemente será más cauteloso para que no cometa el error que puede costarle la vida a su paciente. Los miedos de un prisionero pueden ser herramientas de redención. A veces la redención ocurre instantáneamente sin la necesidad de tener miedo. A veces no ocurre.

Hablo de redención en vez de "rehabilitación" porque creo que el concepto y la palabra rehabilitación, no capta completamente el sentir de la gente sobre sí misma, para que no cometan crímenes y vivan una vida sin lastimar a los demás. Cuando alguien hace algo malo, en algún nivel saben que lo hicieron. Cuando se les castiga, agudamente se les obliga a darse cuenta, para bien o mal. A veces resisten contra el castigo, engañándose a creer que no deben ser castigados por lo que hicieron. Dentro de sí se desarrolla un enojo e indignación farisaica de haber sido castigado. Es casi como si se les hubiera olvidado que cometieron un crimen.

Es a través de la aceptación de su error que puede empezar a tomar lugar el proceso de redención. Desde luego, alguien que no demuestra pena por algo malo que hizo en la vida, no es una persona redimida. Alguien que ha conocido lo malo y lo bueno en la vida, correcto e incorrecto, a través de sus propias buenas o malas acciones, está en mejor posición para poder diferenciar entre los dos. Mejor que una persona que supuestamente no ha hecho nada malo en toda su vida.

La cosa extraña es que en nuestra sociedad hay muy pocos que creen en la redención aunque la gran mayoría son Cristianos. Creen en Jesús, pero no conocen su mensaje verdadero. No es muy difícil discernir, se ha visto la clase de gente que va por ahí predicando las letanías cristianas, sin pensar si sus propias acciones coinciden con ese mensaje y principios. Yo creo que hay algunos hombres en la cárcel que están más conectados con el espíritu que los que están afuera y que van a la iglesia todos los domingos. Esos hombres llegaron a la redención hace mucho tiempo, detrás las rejas.

José fue agarrado intentando importar cocaína al país. El gobierno le dio una sentencia de diez años. Su sentencia fue lo que le salvó la vida. Pero no porque vinieron a salvarlo y convertirlo a "la palabra de Jesús". Sino por su concentración en salvarse a sí mismo. (Hasta el mismo Jesús habla de lo que salvó a José). Si la gente se concentraba únicamente en procurarse a sí mismo tal vez el mundo sería un mejor lugar para vivir.

Digo que se salvó porque muy literalmente pasó así. Cuando llegó a la prisión estaba muy enfermo. No sabía hasta que tuvo que ir con el médico a la revisión inicial. Fue ahí donde le sacaron pruebas de sangre y orina, durante su chequeo general. En la prisión quieren saber desde el principio si tienes enfermedades contagiosas para que sepan dónde ubicarte, no te ponen en el sitio más correcto de todos modos, pero si tienes tuberculosis por ejemplo, quieren darte los medicamentos enseguida y te ponen en cuarentena hasta que empiece a hacer efecto. Si tienes SIDA intentan encontrarte una celda con otro que tiene SIDA. Si tienes hepatitis C quieren darte medicamentos para controlarlo.

José tenía hepatitis C, supuestamente incurable y mortal. Él seguía haciendo su vida en la cárcel hasta que un día encontró un libro sobre mantras y meditación, entonces empezó a meditar, así me lo explicó, y del éter fue dada una mantra para repetir. Y así fue repitiéndola en su meditación. Con esa mantra iba repitiendo otra. Una muy curiosa que repetía mientras orinaba, era algo así: "la hepatitis c está saliendo de este cuerpo." Por dos años aproximadamente, José repetía esta mantra, hasta un día que lo llamaron para ir al médico a revisión anual, para ver cómo iba con su hepatitis.

Qué más quisiera yo haber estado ahí, para ver las caras de los médicos cuando vieron los resultados. Apuesto que al menos uno hizo un gesto de sorpresa frotando los ojos para ver si cambiaban los resultados. Fue un milagro. Por lo menos hubiera sido declarado un milagro. Hubieran llamado a la prensa. Hubiera estado en la primera plana o en la contra al menos de algún periódico del país. Pero no. En vez de eso, el gobierno llamó a unos médicos psiquiátricos porque cuando la administración carcelaria se dio cuenta de lo que había sucedido y de lo que decía este hombre, se espantaron, por el hecho de que podría considerarse un milagro el curarse de una enfermedad de ese tipo, sin cristianismo, sin la ayuda de Jesús....¿tenía que estar loco no? entonces mandaron a unos psiquiátricos a comprobar que era mentira lo que decía o para invalidarlo de cualquier manera para que nadie le creyera, para que nadie supiera que es posible tener un milagro en este mundo sin la ayuda de un cura católico u otro, metido en un dogma innecesario a veces hasta inútil. Lo más chistoso es que los doctores de la prisión tenían su propia evidencia ahí ante sus propios ojos. Sus pruebas de sangre y orina. Si no fuera verdad, entonces ¿para qué eran las pruebas? A pesar de la evidencia todavía se rehúsan a ver la luz, es otra cosa que nuestra sociedad hace muy bien, a nosotros nos afecta diariamente, cada vez más, porque esa gente "rehúsa a ver la luz".

La redención de José llegó a través de su enfermedad mortal, la que superó a través de la purificación, de su mente primero, después su alma y por fin en este plano de existencia física, su cuerpo. Y todo por la repetición de una mantra en su meditación. En la prisión, la redención puede tomar otras formas también, algunas son instantáneas. Para algunos, una sola gota de lágrima de uno de los reos más "gachos" es suficiente, para llegar a la redención. Si los juzgados sólo tuvieran una manera de distinguir entre los que han logrado esa redención y los que no, entonces las prisiones no estarían tan llenas y sobre pobladas.

Yo conocí a varios hombres que realmente estaban muy apenados de las cosas que habían hecho para merecer su estancia en la cárcel. Me pregunto quién es peor, si ellos o los que pueden ver quienes han logrado la redención, y a pesar de eso los siguen castigando. Un hombre que logra la redención en el primer año de su sentencia, no necesita estar los otros veinte que tiene demás y la sociedad no debe pagar por eso tampoco. Creo que eso también fue parte del mensaje de Jesús si no estoy equivocado. Como vivían los saduceos y fariseos, por la letra de la ley y no por el espíritu, actualmente el gobierno hace sufrir a toda clase de gente, como resultado de su caprichosa y arbitraria aplicación de la ley, sin pensar en lo que dice esa otra ley más alta de conducta humana, que ha sido parte de la existencia humana en muchas religiones y durante todos los tiempos. Una ley de conducta que los hombres "malos" a veces entienden más rápido que los hombres "buenos". Tal vez el sistema carcelario no es para la redención de un individuo errante, sino para una sociedad completa. Si pudiéramos cambiar nuestras leyes y analizar nuestra situación carcelaria podríamos aprender unas lecciones sobre redención. Las lecciones no vienen fácilmente y no pueden ser aprendidas en una clase o en un grupo. Se tiene que aprender al nivel individual. Nuestra redención personal.

¿Quién soy yo para decir esto? Alguien me señalaría con su dedo diciendo "¿quién eres tú para hablarnos de moralejas y éticas? Tú eres un convicto. ¿Porque deberíamos escucharte a ti? ¿A quién le importa tu vida?"

Estos son asuntos difíciles de pensar para muchos de nosotros y la mayoría nunca llega a analizarlos, de hecho nunca se piensa en ellos desde el principio. Porque, a final de cuentas, sólo son unos malos en la cárcel, ¿verdad? ¿A quién le importan esas quejas?

Pero estoy pensando en estos principios de redención en mi último día en MCC. Estoy seguro que nunca volveré aquí. Una vez que pague mi fianza, estoy fuera. Pero por las próximas horas tengo que aguantar en la realidad inconsciente de la cárcel. Los guardias, los prisioneros, los baños, la comida y las encerronas sin razón.

Hablando de encerronas, acaban de anunciar una, lo cual significa que todos tienen que volver a sus camas y esperar ahí de pie hasta que los guardias pasen a contarnos. Tal vez alguien escapó, no sé. El edificio es tan seguro, pero ¿qué sé yo?

Normalmente tienen cuentas en la mañana, en la tarde y tres en la noche. La razón por la que dos guardias lo hacen, es porque no quieren que los guardias ayuden a los prisioneros a escapar contando mal a propósito. La mayoría del tiempo estos genios no saben contar bien, acaban con números distintos y tienen que hacer el recuento, lo cual significa que nos encierran por más tiempo mientras cuentan otra vez.

Todos empezamos a movernos hacia nuestras camas. Algunos van por esa última agua caliente antes de que nos encierren. Yo nomás voy a mi litera. El ánimo es muy bajo hoy. Todos saben que me voy. Es interesante como están tristes por mi buena fortuna de poder salir de aquí. Pero esa es la condición humana: estamos contentos cuando otros están tristes, y tristes cuando otros están contentos. Yo no me adscribo a eso, pero me parece que muchos sí. Los que creen que son correctos moralmente en Estados Unidos tienen una manera muy común de tratar a alguien empobrecido o de diferente raza; patearle en la cara a la pobre persona en vez de ayudarle. Si alguien en la comunidad está en problemas, en vez de ayudar, lo lastiman más y lo corren del pueblo. No me acuerdo exactamente cuántas veces he visto esto personalmente o he escuchado de esta situación pero me parece que pasa más en pueblos chicos. Los pueblos, que profesan ser cristianos pero en su forma de ser, en sus gestos y acciones no son muy cristianos. Supongo que tiene que ver con algo como "uno tiene que sentirse bien con su suerte en la vida, no importa que tan mala sea, porque siempre hay alguien en un estado peor a quien puedes patear en la cara".

Se puede sentir la depresión aquí hoy. Es entendible. Yo he sido, de alguna manera, un rayo de esperanza y felicidad en un lugar que es normalmente muy feo y triste. Juan está en su litera, piernas cruzadas, barbilla descansando en su pecho, dormido. Normalmente lo encuentro así, no importa la hora del día. Tiene 70 años y espera un juicio sin fianza, esto es casi como una sentencia de muerte en sí.

Pops está allí también. Pero nunca está dormido. Está sentado en el borde de su litera, agitando sus manos, una encima de la otra. Me pregunto si él cree que al hacer eso el tiempo va más rápido. Se ríe mucho y se preocupa más. Es increíble cómo se siente la gente güera aquí dentro. Están tan preocupados de que alguien les haga daño pero de lo que no se dan cuenta es que los demás también tienen sus mismos miedos, y los mexicanos están preocupados por saber si van a llegar a casa otra vez en su vida.

El Indio está acostado en su litera en la esquina, mirando hacia fuera de su ventanita a la bahía de San Diego, a los barcos marineros. El mafioso que vende armas está acostado arriba de él con sus ojos cerrados.

Pobrecito de Check. El es un hombre muy enojado. Nos ha dicho como odia a casi todos; judíos, negros y especialmente mexicanos. Hubo un momento en que tuve que decirle que cerrara el pico o alguien se lo iba a cerrar. El quería saber si iba a ser yo que le iba a hacer el favor. Le dije que sí y llamé a un paisa que le llaman El Jairo.

El Jairo era un hombre chaparro y muy musculoso. Un ex boxeador de Tijuana, había intentado encontrar trabajo pero sin éxito. Entonces le pregunté a Check si quisiera repetir lo que me había dicho y no dijo ni una palabra. El fin del cuento para Check, un hombre gringo, enfermo, que agarraron en medio de un escándalo político en San Diego, asuntos de pornografía y mafiosos. Cuando llegue a la penitenciaría, su palabra o palabras, lo van a seguir y estará muerto dentro de un año. Su cuento está torcido de tristeza, violencia y odio.

La historia del Jairo es de verdad muy interesante. Sus días de boxeo ya se habían acabado desde hace mucho tiempo. Años después, este chaparro había intentado encontrar trabajo en su propio país para que pudiera proveer para su esposa e hija. Al final, nunca pudo encontrar algo para arreglársela en Tijuana, simplemente porque no hay nada que hacer ahí, nada que rinda, a no ser que seas un rico o un mafioso. La única razón por la que existe Tijuana todavía es por la frontera, de hecho la única razón que existen cualquiera de esos pueblos fronterizos como Nogales, Ciudad Juárez, Nuevo Laredo, etc., es por la misma frontera y el flujo de dinero ilegal que trae. Si alguien va a cualquiera de esos pueblos fronterizos a ver todas las tiendas de tiliches se preguntará: "¿quién compra esa mierda y como se mantienen estas tiendas abiertas sin clientes ni ventas? La respuesta es que casi todas esas tiendas son pantallas para otra actividad ilegal. Hasta las mismas aduanas son pantallas para las transas más grandes en la frontera. Las que están sancionadas en secreto por los gobiernos. Son puro dinero.

Estuve en Nogales una vez. Había ido de *ride* del sur de México y estaba esperando que me recogiera alguien en la frontera pero había llegado un poco temprano, un día temprano. Así que tenía tiempo para esperar allí. Mientras esperaba un hombre, -a quien simplemente llamaban "-El Tío", se acercó y me preguntó si tenía pasaporte y carné de conducir. Le dije que sí y me preguntó si quería ganar mucho dinero conduciendo una furgoneta a Las Vegas. Le pregunté de qué se trataba. Me dijo que iba a traer unos cien kilos de mota debajo. Le pregunté qué pasaría si me agarraran en la línea y se rió y dijo que no me preocupara porque si él dice que pasa la furgoneta roja a las tres, pasa la furgoneta roja a las tres, cualquier día de la semana.

Eso quiere decir, que tiene que haber varios agentes de la frontera sobornados, no sólo uno, tantos como para que alguien puede asegurar que los siete días de la semana pasa.

Hay tantos cuentos como ese. Tantos. Después de que los escuchas y lo ves tantas veces empiezas a darte cuenta que no son incidencias aisladas de corrupción. Tienes que preguntarte: ¿cuándo dejan de ser casos aislados y cuando empieza a ser una pandemia? Ninguna cantidad de muros, ni mayas, ni bardas van a mantener gente, ni drogas fuera del país si los mismos agentes los dejan pasar. La guardia nacional no se puede quedar en la frontera para siempre. Tal vez los necesitan para invadir a Irán. Recientemente estaba hablando con un soldado estacionado en una base militar que me dijo que ya están haciendo las preparaciones para invadir.

La realidad es que los sueldos de los agentes que patrullan en la frontera son pequeños y los sobornos que les hacen son tan grandes. Y como son seres humanos, son capaces de hacer decisiones incorrectas pero nunca ves a un agente de la frontera arrestado y mucho menos que se lo lleven a la cárcel. Hubo uno que fue condenado en Texas, uno muy malo, luego de ser condenado el presidente Bush le dio un perdón presidencial. Nadie supo porque tampoco, tal vez fue un cuate de la familia, o alguna relación debió tener.

Así como el Jairo no pudo hacer su vida en Tijuana por la falta de trabajo digno y bien pagado, tuvo que brincar la frontera. Una familia no puede vivir de tres dólares al día, ni seis, ni 10. La primera vez que llegó a Los Ángeles agarró un trabajo haciendo soldadura en un taller, por un rato podía proveer para su familia. Vivía en un apartamento de dos recámaras en Compton con otros seis hombres. Todos mandaban dinero a sus familias en México. Utilizaban números de seguro social falsos, pagaban impuestos a la cuenta de otro y nunca lo recuperaban porque no sabían si podían o no. Así que Hacienda se quedó con su dinero, como se queda con el dinero de millones, quienes nunca reclaman por sus impuestos a un sistema que los considera como trabajadores fantasmas. Hacienda se queda con algo como 50 mil millones de dólares cada año, en impuestos no reclamados y nunca menciona lo que hace con ese dinero. Tal vez nunca lo sabremos porque no hay ley que les obligue a decirnos lo que pasa. Es semejante al presupuesto del Ministerio de Cárceles.

Mientras tanto el Jairo estaba persiguiendo el sueño americano (que por cierto, solo funciona el sueño cuando estás durmiendo). Estaba pagando impuestos, mandando remesas a su familia en Tijuana y todo le estaba yendo muy bien cuando llegan los agentes de migración a su lugar de trabajo y lo deportan. Después de una reunión dulce/amarga con su familia, cruza la frontera otra vez. Ya se acostumbraron a estar separados por un largo tiempo. Y se resignaron a que esa era la única manera de sobrevivir. Saben que no hay posibilidad de una vida mejor para ellos juntos en Tijuana. Aparte, tal vez puede vivir algo bien. Como un padre, El Jairo se dio cuenta que la única manera de proveer para su hija, era haciendo lo que le dijeron que no se debe hacer: cruzar la frontera.

La segunda vez que te agarran cruzando la frontera son seis meses. Así que, ya había cumplido seis meses en MCC. Como me lo dijo: "mira vato, yo no tengo miedo de cruzar la frontera. Primero, Dios nos dio a los mexicanos esta tierra primero que a nadie, luego fueron los gringos que nos la transaron. Segundo, no tengo miedo de cruzar la frontera porque si lo logro, voy a L.A. y agarro un buen trabajo. Si me agarran, pues me quedo en un lugar como MCC como la última vez y trabajo en el taller de soldadura de la prisión, gano tres dólares la hora y lo mando a mi mujer y mi hija y es suficiente para que las dos vivan mejor. Y tres dólares la hora son muchos más de lo que ganaría en Tijuana. No sólo eso vato, pero si llego a L.A. tal vez me roban o me transan mi dinero o tal vez me vuelvo débil y empiezo a tomar o algo así. Si estoy aquí entonces estoy a salvo de esa tentación. Y si todo va bien en L.A. tal vez después de que pague por comida y renta y todo eso, tal vez solo me quedan 3 dólares que gané para mandarles. Así que es mejor para mí estar aquí. De cualquiera manera, aun no puedo regresar a estar con mi mujer y mi hija. Así que, no importa."

Está enfrentando un año y medio esta vez en MCC, de allí lo sueltan en Tijuana. Aunque bueno... tal vez no lo regresan a Tijuana; nuestro gobierno maravilloso ha fisgoneado un plan (es lo que cree) para que los mismos individuos no vuelvan tantas veces. Cuando el gobierno te devuelve a México, si eres de Tijuana, te mandan a Cancún o al D.F. y te dejan ahí sin dinero. Como vas a poder reunirte con tu familia si eres una persona pobre. Si eres del D.F. te mandan a otro lado. Sólo para chingarte. Pero bueno, debes ser castigado por el delito de intentar llegar a este país de los libres y los cobardes Bushes. Este país compuesto de puros inmigrantes (desde la gente que estaba aquí antes de que llegara Colón). Por lo menos por un año y medio El Jairo podrá proveer por su familia, recibir ropa, comida, lugar y seguro médico gratis, todo cortesía de los ciudadanos que pagan impuestos. En vez de dejarlo ser un miembro válido de la comunidad y pagar sus impuestos también. Ah, y sí, casi se me olvidó, eso no puede pasar, porque si pasara tal vez ficharía una constancia de impuestos y de verdad recibir sus impuestos de regreso de Hacienda. Y Hacienda no quiere regresar miles de millones a indocumentados, o a los mismos legales, les conviene quedarse con ese dinero año tras año sin tener que justificar a donde se fue y con qué propósito.

Hay otros como Jairo. Él no es el único. Y no importa la historia que traen, aún siendo diferentes los detalles, son todos lo mismo. Hay otro, lo llamamos el "Talaban" a veces y otras veces el Chuck Norris. Su cuento es aún más triste. Es un hombre pequeño y chaparro que llegó recientemente, tiene una barba como la de Osama Bin Laden o Chuck Norris. Tiene cicatrices y manchas por todos lados de su cuerpo. Definitivamente tenía algo mal físicamente y mentalmente. De la parte mental nos dimos cuenta en seguida cuando nos dijo que estaba alegre de estar aquí con nosotros. Era un mendigo de la calle en Tijuana. Nos dijo que le gustaba el otoño porque era su señal para ir a cruzar la frontera, para que se fuera a L.A. Si lo lograba, como en años pasados, vendería su cuerpo a hombres gay en L.A. Este es un hombre de treinta años. Un hombre gay de las calles de Tijuana que probablemente porta varias enfermedades trasmitidas por el sexo. Y si no lograba llegar a L.A. y le agarraban, entonces estaba alegre de estar en prisión porque ahí había muchos hombres también de los cuales podría ganar. De cualquiera de las dos situaciones, no le importaba.

No aguantaba mucho tiempo con nosotros. Una noche lo encontramos caminando por ahí mientras todos dormían. Mirando a los hombres, tocando a algunos mientras dormían. La siguiente mañana lo enrollamos y se fue al sonido rugidor del "HILO". Lo movieron a otro piso o a la unidad psiquiátrica. Supongo que las cosas tienen que cambiar para que se controle mejor las enfermedades contagiosas. Como estos individuos son "desechables" no les hará nada y la situación de SIDA y otras enfermedades se empeorarán.

Hablando de enfermedades trasmitidas por el sexo, tuvimos aquí un incidente bastante chistoso que ocurrió hace poco. Cuando uno ingresa a la cárcel por primera vez, lo llevan al cuarto piso donde van todos para ser procesados y luego los mandan a otro, el piso que le asignen. Es como una escala hacia donde te quedas por fin por un ratito. Todos se visten de uniformes de blanco y así cuando llegan al sitio, todos los demás sabrán que es nuevo. El día que salí del cuarto piso, nos llamaron y nos indicaron salir de nuestras celdas a comer. Salí y pasé por la puerta de una celda donde había un joven mexicano llorando. Era un güero de Sinaloa, de una familia muy metida en el narco (lo creo por las cosas que me dijo que no voy a decir en este libro). Era joven y tierno como para que fuera un mafioso. Lo habían agarrado con dos kilos de coca y su esposa e hijo estaban muy lejos, en Sinaloa. Vamos a llamar a este joven Chinola. El Chinola tenía un buen trabajo cuando alguien en su familia se lo quitó para forzarlo a meterse en el narco y la importación ilegal de coca a Estados unidos.

Fue cuando lo habían agarrado y estaba en el piso cuatro que lo vi, entré en su celda y le dije que no llorara, que todo iba a estar bien. Cuando me dijo un poco de su historia, yo le conté un poco de la mía, sobre mi mujer embarazada con mi otro niño de un año etc., mejoró un poco su actitud y salió conmigo a comer por fin. Luego en el séptimo piso estaba en el mismo rancho conmigo y nos hicimos "amigos". Como tenía mucho dinero, me compró un foco para leer en la noche (leí más de cien libros en mi tiempo en la cárcel), y me prestaba su radio para que pudiera escuchar rock de vez en cuando.

Aparentemente antes de intentar cruzar la frontera, había dormido con una prostituta. Esa era la razón principal por la que estaba llorando ese día en el cuarto piso, porque la última vez que tuvo sexo con una mujer, antes de ser arrestado ni siquiera era con su mujer, sino con una puta de Ensenada. No lo supo hasta un mes después, pero la puta le había dado un regalito, piojos en sus bellos. Y los piojos se habían desplegado a otras literas cercanas. Una vez que se dio cuenta me dijo de este acontecimiento horrible, porque no confiaba en nadie más y aparte necesitaba conseguir la ayuda del personal médico (que de entrada ya era espantoso). Muchas veces me encontraba traduciendo entre guardias y mexicanos. Esta vez fue "el Chinola" que necesitaba mi ayuda.

El me trajo un vaso cubierto con un trocito de cartón. Lo abrió un poco y un piojo gigante intentó brincar afuera. Yo brinque para atrás. Me di cuenta instantáneamente y fui corriendo a la puerta del rancho y grité a un guardia, aunque eran las 10 de la noche y nadie debía estar gritando. El guardia por fin vino a ver cuál era el pedo y cuando le enseñé el contenido del vaso, brincó para atrás.

Esto ocurrió una hora antes de que llegara la gente médica (digo así "gente médica" porque muy rara vez hay un doctor de verdad en la clínica y muchas veces nos preguntamos que cuales eran las calidades, con las que calificaban a estas personas para que estuvieran trabajando con nosotros como, "gente médica") vinieron y llevaron al Chinola, su ropa, mantas, sabanas y todo; a otros tres reos y todo lo que traían ellos a un área de cuarentena. Allí "les arreglaron". Mientras tanto estos putos, los otros güeros, estaban maldiciendo por todos lados y diciendo que si se infectaban habría problemas. Les dije a todos que cerraran los picos. Fue entonces cuando Curly y yo nos juntamos y tuvimos una buena carcajada porque habíamos acabado de descubrir el nuevo apodo para la prisión. MCC: My Criminal Crab (la palabra para piojos genitales en ingles es cangrejo en español, pero cangrejo de bellos o algo así, o sea, el apodo en español sería algo como: Mi Cangrejo Criminal- MCC). Nos reímos tanto que salieron lágrimas de nuestros ojos y todos se enojaron con nosotros por el escándalo que teníamos a la una de la mañana.

Esa "gente médica" era malísima. Obligaron a los guardias a prender las luces, ponerse guantes y sacar todo lo que pudiera haberse infectado. En cualquier momento que le pidieran a un guardia algo así, iban a tomar su culero tiempo para hacerlo y hacer que todos los demás sufran en el proceso también. Así que eran las dos de la madrugada cuando se terminó toda la conmoción y todo volvió a lo que se podría considerar la normalidad y todo por unos piojos genitales. Todos por fin volvimos a dormir pero de ahí en adelante, para nosotros MCC obtuvo un significado un poco más ligero porque por lo menos no habíamos contraído piojos y todos pudimos reírnos del nuevo apodo del MCC.

Esperar la cuenta. De eso se trataba estar en la cárcel: cuentas múltiples todo el día. Y tu tiempo estaba marcado por ellas. No hacían que las cosas fueran más ni menos rápido. Solo marcas de puntuación como en un libro. La cuenta de emergencia por ejemplo, fue patrocinada por un suicidio y luego una pelea de pandilla contra pandilla en el piso 8, ó por lo menos así corre el chisme. Nunca entendí como empezaron esos chismes, mucho menos como es que la gente los creía. Todos estos hombres maduros, estresados y comportándose como niños de la preparatoria. De veras. Por ejemplo, la televisión. Todos estos hombres peleaban por control de la tele, y solo para poner la programación que jamás verían en su vida afuera. No solamente no verían esa programación afuera, se burlarían de cualquiera que lo viera. Programación como telenovelas, Rubí, Amor ardiente, o algo así y otra programación como programas de realidad y programas que cuentan sobre la vida de los ricos y celebres. Últimamente ha sido maratón de películas de Arnold Schwarzenegger. Estamos convencidos que él compró todo el tiempo al aire del mes anterior a las elecciones para gobernador, para que le garantizar que ganaría las elecciones. Y las películas se repetían en los mismos canales día y noche. Y todos estos payasos sentados mirándolas una vez tras otra. La película "El Terminador" se repetía más en este último mes que en cualquier otro momento, desde que se estrenó por primera vez hace muchos años ¿cuántos? Tenía una idea sobre el tema. El Arnold debería hacer otra película más del "Terminador" y llamarla "El Terminador Cuatro, La Muerte de California". Que pendejo ese güey, si cree que nos engañó a nosotros, está equivocado, sabemos que él y su soberbia y altanera mujer hicieron trampas para ganar esa elección.

"Caminando" dice un reo. Eso quiere decir que viene un guardia para hacer la cuenta y es tu señal para ponerte de pie al lado de tu litera mientras pasan. Las llaman, "cuentas de pie". Si no estás de pie cuando pasan te mandan al hoyo. Así que si no estás parado debes tener una muy buena razón, como que estés muy enfermo o muerto. Una vez me puse parado, pero de cabeza mientras pasaban. Me preguntaron qué chingados estaba haciendo y les dije:

"No vi en ningún lado del manual de los reglamentos de la prisión, donde dice que tengo que estar parado de pie o que no podía estar parado de cabeza. Sólo decía "parado" y así estoy." No me hicieron nada y los otros estaban atontados.

Esta vez son dos guardias a los que llamamos Popeye y el Pillbury Doughboy. En serio es como aparentan físicamente. Ese tipo de cuerpos y caras los habré visto muchas veces durante mi estancia entera en el sistema carcelario antes de que salga de una vez por todas. Vienen rápido, hacen su cuenta y se van. Por lo menos saben contar. Popeye es de Massachusetts, lo supe en seguida al escucharlo hablar. Una vez él nos dijo "perdedores" por haber caído aquí y entonces le tuve que decir dos que tres cosas. El también lo era, siendo ex militar y ex agente de la frontera (lo descubrimos en un momento) lo tuve que retar. Entonces le dije, "¿le importa si le digo algo?" "No, de ninguna manera," me dijo sabiendo en que se estaba metiendo, o con quien. La mayoría de estos guardias tienen una actitud de superioridad aquí, porque creen que todos los reos son analfabetos, mojados que no hablan inglés. Así que cuando se tropiezan con una persona que puede pensar mejor que ellos, como yo, y "machacarles" con el pensamiento, eventualmente se alejan porque al escucharlas no podrían seguir viviendo en el mismo esquema de vida y todavía sentirse bien.

Se llama un ajuste de karma. Y me encanta hacerlo, no me importa lo que me suceda a mí. Es mi misión en la vida. Siento que es necesario a veces ajustar la mente de la gente y sus realidades para que dejen de ser pendejos. Aún si me odian el resto de su vida, no me importa con tal de que fuera efectivo el ajuste.

"Yo creo que usted es el perdedor real. Está aquí porque es ex militar y no pudo encontrar un trabajo verdadero con una compañía de buena reputación. (No sabe que no creo en esas dos palabras juntas. Juntas son un oxímoron). Nadie lo quiso contratar así que se quedó trabajando aquí arriesgándose a contraer SIDA y Hepatitis C y quien sabe que más. ¿Y por cuánto al mes? ¿Y de aquí? ¿Qué hay después? Tiene opciones muy limitadas para el avance de su carrera. Una sola lastimadura o accidente aquí y le dan de baja y se irá a tomar un trabajo como un guardia de un edificio de oficinas y un recorte de sueldo también. ¡Oye! ¡Qué chido! Piense en lo que está haciendo aquí. ¿Realmente está logrando algo? Está peleando en una batalla que va perdiendo contra inmigración, drogas y lo más chistoso es que está luchando en esa batalla, contra su propio gobierno, el mismo gobierno que en secreto está involucrado en el tráfico libre de gente y drogas por la misma frontera."

-¿Como dices?" me preguntó.

-Pues, ¿cómo cree que tanta gente con droga cruza la frontera sin detección? ¿En serio cree que es un individuo como yo u otro que está subastando la demanda para coca en L.A. por ejemplo? No, porque el mercado negro para drogas y su demanda, es tan grande, que no es posible que unos cuantos pescaditos o mojaditos, traigan consigo un kilo a la vez en sus espaldas cuando brincan la línea. Mira," le dije, "si los puros de Habana son ilegales en Estados Unidos y no puedes encontrar ni uno, pues, tal vez encuentras, si conoces la gente adecuada y esperas un día o dos, pero ¿cómo carajo te explicas que todos los tráileres pasan la frontera llenos de coca, cuando ni un solo Puro de Habana puede pasar la línea? ¿No cree que el gobierno está una parte en eso? Porque a final de todo, la frontera es una lana. El gobierno no quiere que se pare el flujo de inmigrantes ilegales a este país ni el flujo de drogas. Los Puros de Habana no ganan tanto, es cierto, pero este país necesita trabajadores indocumentados. Son los empresariales republicanos que más los contratan para usarlos como esclavos hoy en día. Proveen casas malísimas, tienen tiendas de la compañía donde cobran demasiado por sus productos y pagan sueldos miserables. Así que claro que no los quieren aquí legalmente porque entonces tendrían que pagarles un sueldo decente y tratarlos como seres humanos.

Esos mismos republicanos abogan al Congreso, quieren leyes fuertes contra inmigración ilegal y leyes en contra de que sean ciudadanos en el futuro. Y las drogas mantienen a la gente abajo mental y físicamente, sin enfoque y pobres para que no puedan prestar atención a lo que el gobierno está haciendo a sus espaldas. Así que le conviene al gobierno dejar entrar la droga. Además, el presupuesto para la educación, que empezó a bajar durante la presidencia de Nixon, porque el gobierno creía que la gente estaba demasiado informada y educada y por eso se manifestaba en contra de la guerra de Vietnam, ahora está a su nadir completo. Este gobierno no quiere a la gente educada quien sería capaz de levantarse en contra las atrocidades que comete esta administración corriente. ¿Ilegales? Pues, si no estuvieran aquí no tendrías fruta ni a legumbre para comer. Así que si realmente estás en contra de que haya ilegales aquí trabajando muérete de hambre cabrón. Y el nivel de corrupción en la frontera es tan alto ¿por cuánto tiempo más crees que el gobierno puede esconderlo?

-¿Sabe cuál es la única diferencia entre México y este país?" le pregunté.

-No, ¿Qué? Me contestó.

-La única diferencia es que en México, por lo menos reconocen y admiten que su gobierno es la mafia. Aquí todavía de alguna manera creemos que nuestro gobierno no es corrupto ni comprado. Así que si estás tan en contra de las drogas porque no te vas a arrestar a los narcos más grandes del país. Le diré donde están ahorita mismo.

-¿Donde están? preguntó muy ingenuamente.

-Están en Texas y sus nombres son George Bush Señor y George Bush Junior, así que vete por ellos y mételos en la cárcel señor Policarpio. Gigantescas ráfagas de carcajadas se emprendieron en la unidad, de los que estaban escuchando que podían entender.

-Estás loco!Me dijo.

-¿De veras? ¿Dónde carajo estaba durante el escándalo contra Irán? ¿O ya se le olvidó? ¿Y el escándalo del BCCI en Karachi Pakistán? ¿Sabes no? El Banco de Crédito y Comercio Internacional es el banco que usaba la CIA para pagarle al Osama Bin Laden en los ochenta cuando luchaba contra los rusos. El banco usado para comprar cantidades enormes de heroína y usado para hacer transferencias de dinero en efectivo, a cambio de la venta de equipos militares en la región. Vete a leer los expedientes en cualquiera de esos escándalos, si te atreves para encontrar la verdad sobre armas por dinero, por drogas y quién y por qué. ¿Por qué crees que la familia Bush se trasladó a Texas del estado de Connecticut? Para que pudieran estar más cerca a la frontera, para que pudieran manejar a su gente y el negocio con más eficacia, con toda la gente corrupta que se pudiera juntar con ellos. La familia Bush es una de las más grandes, si no es que la más grande familia de narcos en el mundo. Ellos mismos son el asís de mal en este mundo: George, Jeb y George Junior. La frontera está saturada con corrupción hombre. Jeb y George Junior controlan las fronteras de Texas y Florida, unas de las más extensas. ¿Tú realmente crees que no están involucrados? Es ahí donde entra la mayoría de la coca al país. Miami Vice hombre. Venga va, abre los ojos y reconócelo, estás en el lado equivocado."

-Yo fui un agente en la frontera, me dijo, y sé que esos son incidentes aislados. Me reí tanto que los mocos salieron de mi nariz. Unos se rieron también de eso. Me quite los mocos con mi manga antes de que continuara con el ajuste de karma.

-¿Incidentes aislados? ¿Incidentes aislados? Déjeme preguntarle, ¿Cuántos incidentes aislados se necesitan antes de que tengas un problema de proporciones épicas? ¿Qué tal los siete agentes de la FBI arrestados por tráfico de coca en Massachusetts? Porque no abre los ojos y hace un investigación pequeña. Venga, sabes que este gobierno es corrupto de arriba hacia abajo. Yo sé que no lo puedes reconocer aquí, pero por favor, no nos hagas escuchar la mierda patriótica. No lograrás que la creamos. De hecho tal vez hay gente aquí, en este mismo piso que saben lo contrario de primera mano porque ellos mismos han dado dinero a los agentes de la frontera, policías, abogados y tal vez jueces.

-¿Jueces? Ya te vale. Me dijo como si pudiera sembrar semillas de duda en mi mente.

-Claro que sí, jueces también. ¿Qué? ¿Tú crees que no son humanos? ¿Tú crees que no son capaces de tener un momento débil, en que se entreguen a la tentación y la corrupción?

Nómbrame uno, me retó.

-Venga va, ¿tú crees que soy tonto, que firmaría mi propia acta de muerte? Si supiera no te diría a ti güey. Puede ser el juez que me libere de aquí y si le digo, ya estuvo para mí. ¿Cómo crees güey?

Pero le digo otra cosa. Compruébame que estás cosas no están pasando. No tiene ningún comprobante ni pruebas que confirmen tu argumento, pero yo sí, tengo folio tras folio de artículos de la prensa en mi casa que he guardado, que demuestran que tengo razón, y millones de ilegales trabajando para mantener a los EEUU fuerte y toneladas de drogas que se venden en las calles comprueban lo que digo. ¿Y ese agente de la CIA que se bajó de un avión en Amarrillo, Texas, con un documento firmado por George Bush dándole permiso para aterrizar con un avión lleno de cocaína en este país? Eso apareció en el ¿New York Times? ¿Sabes lo que le pasó verdad?

Solo agitaba su cabeza.

-Se encontraban los oficiales y la prensa en el aeropuerto. Se lo llevaron a una penitenciaría federal como esta. Apareció en el New York Times, en primera plana en 1989. Me acuerdo. Y después de unos días, apareció una nota chiquitita en la página 19 o algo así hablando de cómo él y la evidencia que traía de alguna manera se perdieron, o la desaparecieron. Ahora, cuando eres inocente, y presumo que George Bush dice que lo es, entonces no dejas a tu acusador escapar con la "evidencia", y en cambio debes mantenerlo bajo llave, cerrado para que pueda comprobar que tú no hiciste nada malo. Pero cuando eres culpable, y no quieres que nadie sepa, especialmente la esposa, a la cual has mentido por años, entonces aseguras que el güey se desaparezca con sus documentos y evidencia en tu contra para que jamás cante su cuento otra vez. ¿Cómo crees?

-No me hables más! fue sólo lo que me pudo decir.

-No te preocupes, no lo haré, no quiero romper esa burbuja en que vives por completo porque sufrirías un ataque de nervios bien gacho. Y caminé hacia otro lado dejándolo ahí. De ahí en adelante el Popeye nunca me habló otra vez. Yo no fui el pobre güero típico, ni el ilegal que no habla inglés para que pudiera manipularlo en un debate. "Curly" se acercó después de que se fue el "Popeye" y me dijo que debo cuidarme, porque me podrían llevar al hoyo por algo así. Me reí no más.

Todavía era muy temprano y me preguntaba si iba a llegar al juzgado hoy para salir bajo fianza. Estaba siendo más tardado para que me llamaran al juzgado, especialmente porque estaban en medio de una cuenta de emergencia. Estos pendejos federales eran unos huevones. En todo el sistema y hasta en los juzgados mismos eran así de huevones. Si no tuviera una cita en un parto, de mi hijo, no me importaría nada. Pero sabía que se estaba acercando el momento de salir de aquí.

Después de la cuenta Curly y Chicharrón me vinieron a hablar. Al Chicharrón le llamaron así porque tenía la nuca y la parte posterior de su cabeza pelada, cuando fruncía esa parte parecía un chicharrón. Lo juro.

-Oye, empezó a decir Curly, Chicharrón y yo necesitamos hablarte de algo

-¿Oh si?, ¿Qué transa? Eran una pareja extraña, Ángel de Infierno con Sureño buscando juntarse por algo. No podría ser nada bueno. Fue entonces cuando me explicaron lo de un hombre que se llama Jay. Estaba en el Centro de detención de Wackenhut. Un hombre que le había soplado antes a la policía para chingarles en dos ocasiones.

Wackenhut, eso sí es una palabra que da miedo. ¿Quién demonios pensó en ese nombre? Quién sea, maldígale a él y a su familia. Wackenhut es la agencia que desde el principio fue contratada por el gobierno federal para asegurar el área 51, Roswell, Nuevo México después del ovni que se destelló allí. Si viajas por Nuevo México, hoy día verás que muchas áreas, muchas más que el área 51. Hay áreas de la 1 a la 51 que están fuera del alcance del público y todos protegidos por el contratista federal, Wackenhut.

Como si no fuera bastante siniestra, Wackenhut ahora es contratada por el gobierno federal para proveer servicios carcelarios. También empezó a recibir contratos federales para "proteger" al público en lugares como Portland, Oregon. Ahí el enfoque es en el tránsito y los centros de autobuses. Estás pensando: ¿Qué tiene que ver un contratista federal con un centro de transporte público? Pues, el transporte público de Portland y su área fue comprado y es manejado por un presupuesto que recibe dinero federal, lo cual le permite al gobierno federal tener injerencia allí en los asuntos de la ciudad y del estado y obligarlos a aceptar su policía privada, Wackenhut. Lo que es más espantoso todavía es que encima de que los policías locales, mariscales y otras fuerzas, Wackenhut también porta armas. A las personas inconscientes la militarización de nuestro país les importa un bledo. Policías locales, del condado y estatales. FBI, CIA, DEA, ATF, NSA y Servicios de protección federales y mariscales federales del bosque. Mariscales Federales y Seguridad del País. El gobierno y la prensa hacen un muy buen trabajo al engañar a la gente haciéndoles creer que cualquier individuo como yo, que intenta atraer la atención a estas anomalías, nos llaman creyentes de conspiraciones. La realidad es que ya no es teoría cuando tienes comprobantes, datos y puedes hacer las conexiones necesarias. En ese momento la conspiración se vuelve real.

Pero ahora mismo tengo a Curly y Chicharrón hablándome de este tipo Jay-Lo aparentemente está alojado al otro lado de la calle en el edificio de Wackenhut. Ellos quieren que cuando vaya al juzgado, que debería ser en unos minutos, que yo pase un mensaje a cualquier paisa o sureño que está alojado allí también. El mensaje era que le pagarán al hombre que hospitalice a Jay-Lo. Lo que tengo que hacer yo, es pasarle el mensaje y todo lo demás se arregla, según ellos. Tenía preguntas de cómo iban a saber quien lo hizo y cuándo y cómo le iban a hacer para pagar el dinero después. Pero, olvídalo estamos en la pinta federal y todo es tan posible aquí adentro como allá afuera. Solo se necesita un poco más de "jugo" para hacerlo. Es todo. "Jugo" fue un término muy bueno para eso. Aquí dentro no se dicen palabras como "poder". Esta es una unidad de reos que esperan sus juicios y siempre será posible que nos estén escuchando a través de micrófonos secretos. Lo dudo, pero los otros no. Si alguien creyera que soy un creyente de conspiraciones deben conocer mi cuate de litera, Juan. Él me hace ver como normal ¿Y Curly y Chicharrón? Casi toda la conversación fue escrita en un trocito de papel que luego fue tirada a la tasa. La parte que no fue escrita fue susurrada para que nadie escuchara. Cuando se trata de lastimar a otro reo, uno no quiere que la pista le llegue a él porque luego le dan más tiempo en su sentencia. A alguna gente no le importa porque ya están sentenciados por vida o por un largo tiempo como 20 o 30 años, como el hombre que mató al cura gay de Boston. Ese hombre estaba orgulloso de lo que hizo. El hombre u hombres que mataron a Jeffrey Dahlmer, híjole, que trabajo le hicieron. Le metieron el palo de una escoba en su culo hasta que salió de su estomago. Se murió claro. Y en ese caso creo que los guardias miraron al otro lado para no tener que decir quien fue, porque nunca encontraron al hombre que lo hizo. ¿Y sabes qué? Se llama justicia carcelaria y pasa todos los días y sólo cuando la sociedad en general no cumple con sus compromisos de justicia.

Larios, un guardia viene a abrirnos y estamos "libres" otra vez para caminar por la unidad. Larios es un tipo chistoso. Entre todos los guardias tengo que reconocer que a mi Larios me cae bien, me gusta su estilo. Es duro, pero tiene una raya de compasión dentro de él. En la mañana lee el periódico y después, una vez que termina de leer me lo da a mí. El me dijo que me lo da a mí porque sabe que yo sería justo en compartirlo y leerlo en voz alta a los quienes que no saben leer ni hablar inglés. Y hubo un momento en que me pidió ayuda. Me había visto practicando yoga y supo que soy maestro; quiso impresionar a su novia a la cual le gustaba la yoga. Entonces le escribí tres páginas de instrucciones y estaba muy agradecido. Hablando de redención en lugares extraños. Aquí hay un guardia de la cárcel pidiendo consejo espiritual de un reo y sin saberlo.

Hago otro café sabiendo que pronto me llamarán. Ley de Murphy. ¡Seguro que en cuanto tome los primeros sorbos de café, me llamarán por mi nombre y me voy!

El primer paso en este proceso de ir al juzgado, es la revisión inicial que le hacen a uno antes de salir de la unidad. La administración no quiere que lleves mensajes a tu abogado, así que checan todos los papeles que traes a tu juicio. No tengo nada. No es necesario. Me largo de aquí en un par de horas de todos modos.

El próximo paso en todo el proceso draconiano, es bajarse en un ascensor hasta el sótano del edificio esposado a todos los demás reos. Atados mano y pie uno al otro esperamos que se abran las puertas del ascensor mirando hacia al suelo. Nos revisan una segunda vez. De allí se abren las puertas, nos metemos y bajamos al sótano. En el sótano nos cuentan otra vez antes de abrir una puerta que se da por un pasillo muy largo debajo de la calle que va de allí hasta el edificio del juzgado, todo subterráneo. Arriba MCC y el juzgado están uno frente a otro y aunque el pasillo parece ser muy largo no lo es. No son más que cien metros. Son cien metros con tanta vigilancia electrónica que le hace a uno pensar ¿de qué tienen tanto miedo?

Alcanzamos el otro lado y otra puerta se abre y subimos una escalera. Nos dirigen hacia la derecha y nos piden a mirar a la pared. Esta vez un mariscal se pone guantes de látex y nos revisa otra vez, nos libera de nuestras esposas y nos dirigen a una celda.

Cada celda está diseñada para 50 personas y la celda en que me metieron estaba casi llena. Hay tres diferentes clases de uniformes que veía allí. El amarrillo del MCC, la verde de Wackenhut y el anaranjado del condado. Mi misión es encontrar uno de color verde que es un paisa o sureño. Y lo encuentro. Hay un mexicano con un "look" muy sofisticado con lentes al estilo John Lennon que está sentado calladamente entonces me siento a su lado a ver.

- Oye vato, tengo un mensaje para ti de un sureño que se llama Chicharrón de Calexico

-¿No es usted un güero?

-Sí, y ¿que tiene? El Chicharrón me dijo que buscara a otro sureño o paisa para darle un mensaje.

-Adelante cabrón, a ver.

Así que le dije todo lo que tenía que decir (que seguro no lo presento en este libro) y sus ojos se prendieron con entendimiento.

-Sí, sabemos quién es ese rata y puedes decirles al Chicharrón y su amigo que ya lo arreglamos y no hay necesidad de mandar dinero a nadie. Una rata es una rata y se arregla como una rata. Dígale que trabajo hecho. Le partimos la madre y está en hospital.

- Está bien, será música a sus oídos.

-Soy Lomas. ¿Con qué te agarraron? Tenía la palabra tatuada en su brazo "LOMAS" así que le creía.

-Pollos.

-¿Un pollero va? Me mira sin creerme. Venga la mano, ¿Pollero?

-"Simón."

-No debes hacer eso mano, no hay dinero en eso. Debes cruzar la frontera con drogas, rinde más.

-Sí, pues…, no me preocupa tanto ahora. Solo quiero salir de aquí e irme a casa. ¿Y tú? ¿Con que te agarraron?

-Nada

-No mames, es lo que dicen todos

-No en serio. Te diré.

Y sí, me dijo. Y justo cuando pensaba que había escuchado toda la chingadera que hace nuestro gobierno en este mundo, escuché una más. Este pobrecito. No dudé de que me dijera la verdad. Por casualidad va a ver el mismo juez que yo, el juez Moskowitz. Ese juez me dio un año y un día como mi sentencia. Muy amable.

Pero a Lomas, a este hombre el gobierno tan lleno de esa compasión conservadora, le estaba jodiendo a lo gacho. Su nombre, Lomas indica de donde es, un lugar en California. Loma Linda o algo así. Nació allí. Después su madre se movió a México por una bronca que tuvo con el padre. El problema comenzó cuando se fue, se fue sin el acta de nacimiento de su hijo. Así que cuando creció y era mayor de edad tuvo que cruzar la frontera de manera ilegal. Aunque tenía un acta de nacimiento en el registro civil de su condado, al gobierno federal no le importó y por reglamentos de procedimientos en el juzgado nunca le dieron la oportunidad de presentar su acta y esa primera vez le deportaron y allí empezó su carrera criminal. La segunda vez que lo agarraron fue por robo de carros. Así que, sí, cierto que hizo algo malo en su vida y pagó con seis años por ese robo en la cárcel estatal de California. Cuando salió de la estatal, los mariscales federales lo agarraron para obligarlo cumplir una sentencia por entrada ilegal al país, lo cual es un delito federal. Otra vez, por reglamento de procedimiento, el juez no le permitió presentar su acta de nacimiento aunque su caso se trataba de exactamente eso- su estado en el país-. Nunca le dieron la oportunidad presentar su evidencia para comprobar que es ciudadano.

Esta vez, su entrada ilegal cuarta, le van a imponer una sentencia de ocho años, sólo por sus antecedentes penales. Antecedentes que se tratan de entrar ilegalmente al país por no ser ciudadano. Pero esta vez tiene la esperanza de que le vayan a permitir presentar su acta. Es posible, sin embargo, que los procedimientos del juzgado, no le permitan añadir evidencia nueva en este momento.

La parte triste es que esta vez, lo agarraron simplemente por estar en el lugar equivocado en el momento incorrecto. Los policías iban a arrestar a otro con el cual estaba justo en ese momento saliendo de la casa. Ese otro fue arrestado por robo de autos y Lomas, por estar a su lado, fue arrestado por estar ilegalmente en el país y lo entregaron a los federales y lo más probable es que le van a dar unos ocho años más. Y todo porque desde el principio la injusticia no le permitió corregir el asunto de su acta.

Ahora, bien, este hombre más probable era un hombre malo en algún momento. Pero ¿Ocho años? ¿Por entrada ilegal? Esos son $438,000 que el gobierno gastará en él, un solo individuo por ocho años y probación después. Mientras tanto tú bebe o el de alguien que conoces no va a recibir atención médica adecuada porque no tiene seguro médico y el gobierno dice que no tiene los recursos para proveer un plan universal para todos los ciudadanos en el país. U otra persona se acaba de enterar que sus becas estudiantiles fueron canceladas y no pueden recibir la educación que quiere y a cambio, tiene que salir a trabajar duro en algún trabajo feo, para una compañía como Wal-Mart o lavando carros para algún rico altanero solo para beneficiarse económicamente. Y eso no incluye recibir un Gansito caducado de propina de un codo que no quiso darle una propina buena por haber lavado su carro. Y todo esto porque el gobierno insiste en gastar cantidades enormes de dinero para encarcelar a gente por entrada ilegal a este país y para otra guerra en Irak que nos empeoró a nuestra situación, no que se la mejoró. Me pregunto: ¿que hubiera dicho Ronald Reagan? Porque, a final de cuentas fue gobernador de California y como gobernador de ese estado hablaba de cómo necesitamos dejar a esa gente entrar para que no se pudriera la cosecha en la viña. De hecho, era Reagan que remodeló la estatua de Libertad en la isla de Ellis en 1986. (Fue Reagan quien preguntó: "¿Es cierto que grandes cantidades de nuestros desempleados son víctimas de una invasión de ilegales, o no es que esos turistas ilegales de hecho están haciendo el trabajo que nuestra gente no quiere hacer?" Una cosa es cierta en este mundo hambriento: No hay ni ley ni reglamento que se debe pasar si se resulte en que se pudre nuestra cosecha en el campo por falta de cosechadores." (Véase a www.reagan.utexas.edu/archives/speeches.)

Fue el candidato Reagan quien dijo "Algunos meses antes de que declaré, pedí un encuentro con el presidente de México y crucé la frontera. No fui con un plan. Fui, como dije en mi discurso de declaración, a pedirle sus ideas – de cómo podríamos hacer que la frontera fuera algo más que un local en el que se coloca un muro de 3 metros." Este fue el presidente de todos esos pendejos republicanos conservadores. Su presidente. ¿Le hicieron caso? ¡No! En vez de hacerle caso, seguían empeorando las cosas votando por presidentes cada vez peores. Y el presidente actual no ha hecho nada para fomentar unidad en este ni en otros asuntos. No ha intentado escuchar a las ideas de nadie más. Sólo a él le importa las pobres ideas que salen de su pobre cerebro. Como lo dijo el Hugo Chávez recientemente en Londres, es el presidente Bush es el terrorista número uno en el mundo, un loco propenso al genocidio. Él es el Hitler de nuestros tiempos. Y si no tenemos cuidado vamos a tener lugares que son peores que prisiones, serán campos de concentración. Antes eran los judíos en Alemania y los japoneses en este país en la segunda guerra mundial. Hoy en día son los ilegales a quienes representan la porción no querida de nuestra sociedad que el gobierno quiere chingar. Árabes también, y solo porque no sabemos sí son terroristas, vamos a detenerlos también sin acusarles de un crimen. Pronto no serán solo ellos, sino cualquier persona que no está de acuerdo con el gobierno o el punto de vista del presidente. Tal como Hitler.

Los mariscales vienen y empiezan a llamarnos y los hombres se ponen en fila para irse al juzgado. Hay un hombre que está en la esquina haciendo sonidos extraños y gesticulaciones raras. Obvio, está intentando hacer el caso de que está loco para su defensa de porque no deben condenarle de un crimen. Pero cuando empiezas algo así, tienes que disimular 24 horas del día que estás loco. Entonces allí está construyendo cosas imaginarias y hablando con gente imaginaria. Qué habrá hecho, nadie sabe. Y a nadie le importa. Aquí dentro cada quien se defiende como puede. Puedes hacer tratos y alianzas pero (de mi perspectiva); nadie es tu amigo aquí. Nadie. La persona que cree que tiene un amigo aquí dentro es un idiota. Tal vez por un momento alguien es tu amigo, pero no para siempre.

Me nombran a mí y me muevo a la línea y espero. Los mariscales abren las puertas y lentamente todos nosotros avanzamos hacia afuera. Más allá en el pasillo hay una celda de mujeres, casi todas latinas. Algunas tienen tatuajes y se les ve como pandilleras de un grupo u otro. Como animales, los hombres y las mujeres se miran y piensan cosas que nunca podrán consumar. Nos instruyen no hablar ni mirar a las mujeres. Pero algunos sí las ven. Del grupo de de nosotros que se presentan ante el juez Moskowitz se van a una celda al fondo del pasillo al lado del ascensor. Nos meten allí y nos quitan las esposas otra vez. Esperamos un rato más.

En algún lado arriba de mí, en el edificio del juzgado sé que mi abogado está esperándome. Vaya, que suerte tenía que lo seleccionaron a él para representar mi caso. Es que, en San Diego, hay tantos casos cada año que la oficina de la defensa pública no puede manejar todos, así que los va proporcionando a abogados en la comunidad a través de un sistema de lotería. Me tocó suerte porque me dieron uno de los mejores en todo San Diego. De hecho, es el presidente de la asociación de defensores públicos en San Diego. Es un tipo eso es seguro. Tiene esa clase de bigotes que atraviesan su cara, dándole gracia a su rostro viejo. Tiene cabello canoso y si no fuera por el traje y la corbata, podría imaginarle en botas de vaquero y sombrero de otra era. Es un liberal cien por ciento. Al escucharlo hablar, sabes que todo lo que sospechabas del gobierno federal es correcto y que puedes dormir bien en la noche sabiendo que no estás loco ni solito. Si quieren decirme teorista de conspiraciones, no importa, porque de alguna manera, mi abogado ha confirmado todos mis pensamientos. Y si está disimulando todo, no me importa. Tal vez lo hace para todos sus clientes. Si es el caso, me parece bien. Pero no creo que sea un show. Él mismo ha reconocido que es parte de un sistema legal que ha fracasado. Él mismo ha dicho que ya no vivimos en un país libre. Él, como un solo hombre, hace lo posible para luchar contra este Goliat que es el Sistema Judicial y Penal que rige por este país. Y hay otros, a los cuales les proporcionan abogados que no saben nada de defensa pública, su especialidad es en leyes de inmobiliaria o de contratos o de sociedades anónimas, pero de defensa criminal, nada. Imagínate que te proporcionan un abogado que se especializa en deportes y cine, y no sabe nada de defensa criminal. Gracias a Dios te dan tres oportunidades de cambiar tu abogado por si acaso no trabaja bien contigo. Después de tus tres selecciones, el cuarto abogado que te toca es con él que vas al juicio a fuerza, por las buenas o por las malas.

Entonces me siento bastante bien de todo esto, aunque mi procuradora es una perra sarnosa que se llama Jill Burkheart. No me ayuda nada que su jefe es un hombre que se llama John Ashcroft, el procurador general federal. Si no le conocen o no lo recuerdan, es un hombre que hizo campaña para ser senador en el estado de Missouri. Y perdió ante un candidato que estaba en la papeleta, pero que se había muerto unas semanas antes de la elección. O sea, el pueblo de Missouri prefirió a un muerto como su senador que ese tipo. Entonces, ¿Qué pasó? ¿Cómo llegó a ser procurador si no pudiera vencerle a un muerto en una elección federal? ¿Qué trato hizo en secreto con el diablo para lograr que todos los senadores demócratas (incluyendo al Kennedy, quien en al principio estaba en su contra, y luego después de cenar con el presidente Bush estaba a favor) le confirmaran su selección? Nunca sabremos. Pero ahora sufre de cáncer de la próstata. O sea, su propia mierda le es tóxica. Creo que le voy a decirle a la Blackheart como lo veo, pero solo después de que se haya hecho mi juicio.

Lomas y yo estamos hablando y me vuelve a insistir, -venga, va, neta, ¿qué hizo? Tú eres como un güero bilingüe. Tienes que haber hecho algo muy malo ese. No fuiste pollero, eso no.

"Lomas," le dije, "-¿de veras quieres escuchar a mi historia?". Figuraba que jamás lo vería en la vida otra vez y podría decir todo de mí a quien sea sin ningún efecto. Mi experiencia ha sido que cuando empiezo a decir mi historia a la gente, se da cuenta que es tan increíble para que lo estuviera inventando. Entonces le digo todo. Y sólo se sentó allí a escuchar;

-Lomas, he sido muchísimas cosas en esta vida. Un hijo (a veces no un buen hijo tampoco), un nieto, un sobrino, un primo. Un hermano, un tío. Un alumno, un lavaplatos, pinché de la cocina, cocinero. Un alumno del bachiller, un alumno de la universidad. Viajador mundial, defensor de los pobres, importador ilícito. Atacador a los ricos. Un hippie, un narco y drogadicto. Agente de venta de bocinas (vendiéndolas de atrás de una furgoneta), un agente de venta de vino fino (en una tienda de vino, no detrás de una furgoneta). Un músico medio-profesional y en la calle. Un chofer de paquetería y mensajera Express. Un agente de venta de calcomanía para carros. (Susurrado) un cultivador de mota. Un vendedor de la misma. Un mesero, pintor (de casas), un agente de venta por teléfono. Un agente de venta que se va de casa a casa tocando puertas. Un agente de inmobiliaria. Un chico fresa sin nada que hacer. Un acusado y demandante. Un asistente de abogado (supuestamente). Un maestro de inglés y español. Un albañil, un plomero, una masona, un intérprete y traductor. Un donante de suero de sangre. Un aconsejador, un gerente de personal, un supervisor de intérpretes de español. Un candidato buscado por el Departamento del Estado (ni me entrevisté con ellos porque no quiero ser parte de algo que no funciona y no me gusta la manera en que manejan sus asuntos). Un empresario con decenas de personas trabajando para mí. Un mendigo en la calle, Un jugador de ajedrez. Un amante, un novio, un esposo. He sido un niñero. He trabajado en fábricas de puertas de madera. He hecho jardinería, mantenimiento e instalación. Un vaquero en un rancho. Un aconsejador para jóvenes sin casa, hombres sin casa y familias latinas sin casa. He sido un archivero de archivos médicos, un gerente de oficina de un manicomio (y ese trabajo fue muy loco). Un organizador de campañas políticas y un candidato. He sido un alumno y maestro de yoga.

Me interrumpió, -¿eres maestro de yoga?

-Sí

-Venga, va, no le creo en eso

- "Watcha," le dije, y me puse de cabeza y de allí hice el alacrán allí mismo en la celda esperando verle al juez. Los otros reos esperando ver al juez solo miraban en silencio atontados.

-Híjole, está bien, es sólo lo que pudo decir el Lomas.

Me senté y continué: He sido un investigador por teléfono (que chafa ya sé). Un guía turística de aventuras, un gerente de cocina (dos veces). He sido lo que llamo "un ventón". Me han llamado Don Ventón por todos los *rides* que he pedido al lado de la carretera. He ido de *ride* muchas veces. He ido por casi todo   México, América Central, Panamá, Costa Rica, Nicaragua, Honduras, El Salvador, Guatemala, la costa oriental de Estados Unidos y de Texas a California y hacia al Norte a Oregon.

He sido víctima de acoso sexual por tres trabajadoras sociales muy grandes y feas, le dije mientras me daba escalofríos al mencionarlo. He sido un instructor en un campo de verano. Seguridad para la feria del campo de Oregon. Un trabajador temporal, un trabajador jornal, un activista para salvarle al bosque del taladro. Un activista para legalizar la mota. Un traductor para los Zapatistas. Un observador de paz internacional (en Chiapas, México y Querétaro, México y he tenido el placer de conocer al tal Marcos personalmente y darle la mano.) He sido un representante para el servicio al cliente de la tienda Target.com. Un trabajador en una destilería de cervezas. Un trabajador en una oficina de una fábrica de casas pre fabricadas. Hacía Drywall, excavaba trinchas y he sido él que abre el gimnasio a las cuatro de la mañana sin falta todos los días (de hecho en varios gimnasios) y un cocinero de desayunos, un carpintero de varias clases. He sido un desempleado cobrando cupones de alimentos y cobrando desempleo. He sido un escritor y un poeta. He sido un buscador de visiones. He sido ambos buen y mal amigo (¿Quién no?) He sido un accionista en la bolsa. He sido un socialista y un independiente pero nunca demócrata ni republicano (nunca les di y nunca les daré mi voto) He sido un músico internacional.

He sido todas esas cosas y más vato. Mi ex suegro y mis propios padres te dirían que soy un flojo húngaro vagabundo sin valor que no puede mantener un trabajo por más que tres meses. Pero la mera neta vato, es que soy como tantos más en este país. Todos somos trabajadores temporales. La única diferencia entre yo y los demás trabajadores temporales que trabajan a través de una agencia de trabajo temporal es que yo me quedo con todo mi sueldo, nadie me desquita dos o tres dólares de cada hora de mi trabajo de esclavo por haberme encontrado el empleo. Yo también determino cuando se acaba mi empleo en vez de que una agencia me lo diga. Simplemente renuncio cuando ya no me conviene. Hace mucho tiempo que deje de trabajar para esas agencias. Son otro método de engañar a la gente de su dinero. La mayoría de la gente, incluyendo a mi ex suegro el tonto y mis padres los codos, no lo ve así y para mantener la ilusión en que viven tienen que desconocer que es así, llamándome a mí un rebelde o un subvertido. A ellos les digo: ¿a quién le importa lo que crees? Su opinión es representante de menos de un décimo de un por cien de toda la población de no solamente este país, sino en todo el mundo.

-Así que, como he sido todas esas cosas en el mundo, ahora he sido un traficante de humanos porque estaba tan pobre y no tenía a nadie en mi familia que estuviera allí para mí, aunque con facilidad cualquiera en mi familia me hubieran echado la mano. Un pollero, vato, un chofer de pollos. Pronto voy a ser un prisionero y cuando salgo un convicto en probación.

-Que chido!

Escuchó todo eso. Sabía que entendía.

Y le dije todo eso porque sé que tiene el conocimiento de entenderlo y verlo. Cosas como ¿Qué tal si todos los reos no trabajaran por un día? Los federales tendrían que traer gente de afuera a hacer esos trabajos y pagarles 12 dólares la hora en vez de pagarles a los reos 12 centavos por el mismo trabajo. Si se hiciera así entonces de ahí la cárcel manejaría las cosas de manera diferente, más humanamente. Tendrían más respeto a los derechos humanos y la dignidad personal. Porque a final de cuentas estando encerrado y negado de tu libertad, no hay la necesidad de ser cruel ni inusual.

Otra vez lo único que hizo fue agitar la cabeza en acuerdo. Si hubiera micrófonos no me importaba. Como era mi primera vez no estaría dentro por mucho tiempo. Así que le dije el resto de mi historia. Como mi abuelo tuvo trato a mano con Al Capone y muchas más historias interesantes y verdaderas, y solo para rayarle. Y si había alguien escuchando, bien, deje que sus mentes también sean afectadas por el ajuste de karma.

Miraba por un lado a otro como si estuviera buscando por guardias que nos iban a llevar por conspiración contra el sistema o algo así.

-Desde hace mucho tiempo no he vuelto a ver a mi familia. Mi abuelo estaría muy enojado con esas ratas. Cuando les tocaba estar allí para mí, me traicionaron. Por ejemplo, ahora mismo yo tengo que hacer un trato especial para salir bajo fianza. Ni mi primo me ayudó para salir de aquí. Y todos me deben favores, y todos le deben a mi abuelo. Y sin pagar sus adeudos, se quedan debiendo. Y se quedan debiéndome a mí, eso es lo peor para ellos. Porque a final a cuentas yo siempre cobro, aún siendo a fuerzas.

- Desde que se volvieron ricos, mis padres han sido unos codos y en estos 16 años cuando carecía de un poco de dinero no me ayudaron. Me dijeron que debo cobrar cupones de alimentos, porque según ellos, habían pagado muchos impuestos y no había razón por la que uno de su propia familia cobrara un poco para recuperar todos esos impuestos. ¿Puedes creer eso vato?

- Sí buey, he estado en la cárcel un rato y he aprendido mucho leyendo libros. Conozco a los ricos muy bien.

-Sí, pues imagínate, esa fue la respuesta de un millonario a la pobreza, quien de preferencia quisiera ver a su propia sangre morir de hambre en vez de levantar un dedo para ayudarle en un momento de necesidad. Aunque les llamaba varias veces pidiendo ayuda, me la negaron por ningún buen motivo me podían ayudar sin sufrir ninguno efecto malo. Lo que pasa es que nunca me perdonaron por no ir a la escuela de derecho cuando me aceptaron en 1991. De allí, no solamente no me ayudaron, sino que intentaron lastimarme más de una vez en cuando tras los años. Profesan ser cristianos pero creo que no aceptaron el mensaje principal de Jesús que es: Amor, Compasión, Perdón, y Responsabilidad. Cuando les pregunté (ah, y mi hermano mayor, que se supone que tiene título en filosofía) sobre que pensaban sobre estos temas no supieron cómo responder, lo cual quiere decir que no saben nada al respeto. En vez de tratar esos asuntos, intentaron desviar a la conversación a otros temas completamente distintos.

Pues, les conozco a esos ricos cristianos también. Vienen a la cárcel con sus misionarios a predicarnos de la palabra, creyendo que nos están ayudando. Diciéndonos que están orando por nosotros. Una vez les dije que oraran por ellos mismos, que no les necesitábamos aquí con su falsedad.

Te escuchó. Esas cuatro palabras han llegado a formar una frase muy buena en mi mente. Y la comparto con todos los ricos altaneros que pueda. Va así: Tenemos la responsabilidad de tener amor y compasión para que podemos perdonar a los que nos hayan lastimado.

"Si, buey," fue todo lo que dijo Lomas antes de que continué.

-Checa esto, mi padre era un abogado de defensa criminal. Hasta portaba armas ocultas. Me acuerdo de llamadas en medio de la noche y mi padre saliendo a sacar a alguien de la cárcel. ¿Pero, a su propio hijo? No solamente no levantó ni un dedo, sino que él y mi madre intentaron asegurar que no obtuviera acceso a dinero jamás en el futuro. Estoy seguro que si hubieran podido me hubieran desheredado por haberme ido a la cárcel. Y les enojó más cuando el banco les dijo que no. No hay ningún lado en el testamento de mi abuelo donde dice que no puedo heredar siendo convicto.

-Celos, avaricia y odio están destruyendo a nuestras vidas y al planeta. No se puede reducir los problemas de este mundo a algo más simple que esas tres palabras.

No sabía lo que pensaron los demás en la celda de lo que escucharon. Quién sabe si entendían ingles lo suficiente. Lomas solo agitaba su cabeza en acuerdo. Una vez que deje de hablar estaba silenciosa otra vez.

Cuando uno está en la cárcel siempre mira un poco hacia atrás en su vida, es normal. Especialmente cuando está esperando ser sentenciado. Estuvo algo chido poder descargar toda esa historia a un desconocido que se iba a la cárcel por un buen rato y al que jamás vería en la vida otra vez.

Así me encontraba uno de cada 37 en este gran país quien se va a la cárcel y uno de cada 136 todavía a dentro. ¿Qué había hecho? No fui una persona mala. No me acuerdo de que la Biblia hablara de mi crimen como malo. De hecho, de esa gente "buena" de la cual la Biblia habla, ellos tenían esclavos y fornicaban con quien sea y todavía se les consideraban sabios. Y aun, estaba yo aquí esperando salir bajo fianza. Así que le dije al Lomas el resto.

Le dije como unas ráfagas de fuerzas me agarraron y tomaron control de mi vida y me hicieron caer aquí en el MCC de San Diego, El Centro de Correcciones Metropolitano. Entonces su apodo: El Club del Campo Mexicano.

En la primavera de 2003 había perdido mi centro de yoga en Eugene Oregon y el trabajo de tiempo medio que tenía se terminó porque la compañía para la cual trabajaba se cerró. Básicamente mi trabajo se fue a otro país. Mi mujer y yo habíamos tenido un bebé el año anterior y estábamos esperando a otro. Vivíamos en nuestro centro, así que cuando perdimos nuestro negocio, perdimos nuestra casa también.

No había visto mi familia en años y la familia de mi mujer pensaba que éramos parte de un culto o secta como los Rajneeshis. Sin la ayuda de familia estábamos en un aprieto. Tal vez si alguien me hubiera ayudado a llegar a Puerto Vallarta no estaría en esta situación. No hay nada peor que sentirse incapaz, sin esperanzas y sin familia allí para ti cuando más la necesitas. ¿Para qué es la familia si no para esos momentos en la vida?

Solamente queríamos movernos a México y tener nuestro bebé allí. Como nadie nos ayudaba hice la única cosa que podía para lograr mi sueño con el poco dinero que tenía: ir de *ride*. Mi plan era que una vez que me había instalado en Puerto Vallarta iba a mandar por mi mujer y mis hijos.

He ido de ride de Costa Rica hasta Portland, Oregon, con tan solo 150 dólares. Esta vez tenía

275 y solo tenía que llegar a Puerto Vallarta. Pero el viaje hacia al norte es más fácil que el viaje al sur.

Cuando llegué a Tijuana solo tenía 200, cien de los cuales presté a un amigo justo antes de que me robaran y 25 de los cuales había gastado en un cuarto en un hotel porque estaba muy cansado la noche anterior. No le alcance a ver a mi amigo otra vez después de que me robaron y no supe como localizarlo tampoco así que estaba completamente en limpio cuando unos hombres se acercaron a mí con su propuesta. Estando en la situación en que estaba, acepté. Pensé aún si encontraba a mi amigo Esteban, jamás podría arreglármela en Puerto Vallarta con cien dólares. Entonces ganar $600 por cruzar la frontera me parecía la única solución a mi problema. Las consecuencias no me importaban por las circunstancias en las que me encontraba. Ya no me importaban porque había intentado vivir una vida buena, libre de crimen por muchos años y sólo me había empobrecido viviendo así. Durante todo ese tiempo vi la corrupción, gente volviéndose muy rica siendo muy mala. Entonces, como me hartaba ser pobre porque estaba intentando hacer las cosas por "las buenas", decidí que por un solo día iba a juntarme con los corrompidos, aun por sólo un día. Pero lo que no sabía era que mi karma ni permitiría un solo día así en mi vida. Ya a esas alturas no podía hacer cosas malas impunemente. Y la Vida me iba a enseñar esas lecciones. Ahora dejo que el mal y la corrupción la hagan los oficiales del gobierno, sociedades anónimas y sus agentes y los demás que los apoyan.

Si alguien me hubiera ayudado, probablemente hubiéramos ido a Puerto Vallarta y vivido nuestro sueño mexicano y no hubiera cometido este error en Tijuana, ni siquiera hubiera estado en Tijuana si me hubieran ayudado. Fácilmente hubiera encontrado un trabajo enseñando ingles y hubiéramos vivido la vida hasta un fin feliz. Pero, no. Celos y odio conspiraban en mi contra. Mi karma me tenía que llevar a tocar fondo. Tenía que adquirir mejor entendimiento de lo que millones ya saben. A nuestro gobierno y a la sociedad solo les importa ganar dinero. Nada más.

Cuando tocas fondo te quieren allí. Quieren que te quedes allí. Alguien va a ganar de tu desesperación. Sí, puede que ser que hay unos grupos que hacen el bien, pero la mayoría están ayudándose a si mismo ganando dinero de tu miseria. Porque, sin gente mala o perdedora a la que se puede ayudar no habría esos trabajos de servicios sociales. Sólo podemos ser responsables para nuestras propias acciones. La Palabra dice, "Ama a tu prójimo como te amas a ti mismo." Independientemente de mi problema, necesitaba que alguien estuviera allí para mí. Lo que aprendí es que esta sociedad no quiere apoyarte si no puede beneficiarse de alguna manera de tus problemas. ¡A fuerza quieren ganar dinero de los pobres! Solo piense en toda esa gente que se llaman cristianos, ni siguen las palabras de Jesús.

Nunca sabes el valor de una persona hasta que has pasado o han pasado por las peores situaciones, pensé. Y el otro pensamiento: "si alguien me hubiera ayudado……" se repite todos los días en los juzgados de la nación. ¿Qué tanta gente hay que no hubiera ido a la cárcel si su familia o otros no les hubiera fallado? Cuando alguien toca fondo necesita ayuda, no una patada en los dientes. ¿No fue eso también un mensaje de Jesús en el buen libro?

Comparamos notas de las diferencias que hay entre el MCC y la planta que maneja Wackenhut. Al parecer la cárcel privada ofrece mejores condiciones de encarcelamiento. Más horas de la tele, mejores cosas en la tienda para comprar aunque nunca supe que quiere decir eso. Más tiempo afuera para recreación (MCC solo nos dejaba salir una vez a la semana, Wackenhut, una vez al día). También hablamos de la frontera y el pedo que está causando a los dos países.

Sabe, lo que deberían hacer todos los mexicanos es no cruzar. Los que están deberían regresar a México por solo tres semanas. Con eso, ya estaría Estados Unidos a sus rodillas rogando que regresen. Sin gente para cosechar sus frutas y legumbres, servir su comida rápida, construir sus casas y mantener sus edificios y jardines, este país sufriría. A la misma vez, el gobierno mexicano debe legalizar la mota. Si se legaliza una economía nueva se abre y provee trabajo para todos desempleados y ya no necesitarían ir al norte a buscarlo. De cultivo a cosecha, y transporte y venta. Y además, México puede promocionarlo en sus anuncios de turismo. Ven a México, tranquilo, sin bronca con la poli. ¿Sabe cuánta gente iría a México solo por eso, nunca para regresar a su país original?

-Tienes razón "ese". Sería glorioso ver al cambio pasar. Tal vez en algún día, es sólo lo que dice el Lomas.

Estos son temas prohibidos para alguien esperando su sentencia todavía y al que todavía podrían estar escuchando. Luego descubro como la procuradora utiliza mis creencias en mi contra. Una discriminación que utilizó para abogar por una sentencia más larga de lo debido.

- Me siento como Ricardo Flores Magón. Si no sabes quién es él deberías leer sobre su vida. Nuestro gobierno lo perseguía aunque sin ningún motivo concreto y lo condenaron a la cárcel varias veces por varios años, simplemente por manejar una imprenta donde se supone que tiene la libertad de expresarse. Luego se murió en la cárcel gracias al gobierno mexicano y de Estados Unidos. Y se murió en la cárcel un hombre inocente es lo peor. Disimulamos que tenemos una prensa libre, pero es libre sólo si se pone de acuerdo con la administración. Si no, cuidado, la policía de pensamientos te descubrirá y te meterán en la cárcel sólo para que dejes de ser la mosca en su mantequilla. Con 90% de la prensa controlada por menos de cien familias, es fácil que el gobierno llegue a amenazar si no reportan los hechos tal y como el gobierno les dice. Y si no, el gobierno los llama de su lista corta de teléfonos y les dice, "repórtalo bien o sabemos dónde va su hijo a la escuela." De allí seguro ese rico lo reporta "bien", tal como le indican. No perderá a su hijo por culpa de querer reportar la verdad sobre injusticias que le pasan a mexicanos.

Los asuntos de migración no son nuevos ni para la prensa ni para el país. Este problema ha estado por lo menos por la mitad del siglo. Primero eran esos siniestros sures europeos y judíos que invadieron al país. Así que hicieron una ley sobre la inmigración de esos países y esos grupos de personas. De hecho, las cuotas de inmigración de judíos es una de las razones para que tomara lugar ese genocidio en tan gran escala en primer lugar. Es medio chistosito como haríamos cualquier cosa también por ellos, como si fuera de un complejo de culpabilidad en nuestra consciencia colectiva. Pero la mera neta es que damos más dinero en la forma de asistencia a Israel que a cualquier otro país, y desde 1946.

Los guardias llegan y llaman a los acusados que tienen que ir ante el juez Moskowitz y nos movemos hacia la puerta. Esta vez no estamos todos esposados uno al otro, pero si nos esculcan otra vez antes de subir al ascensor para irnos al quinto piso. De allí salimos y nos llevan a una celda chica con un lavabo y tasa. Mientras esperamos me pongo de cabeza unos cinco minutos. Un guardia viene y no está seguro que hacer y se va corriendo a hablar con alguien si me debe dejar hacer eso. Los otros acusados se ríen. Es increíble como a un guardia se le puede hacer sentir incomodo simplemente estando de cabeza. Esperamos se siente como una eternidad el tiempo, antes de que venga algún guardia a nombrarme. Supongo que porque mi apellido empieza con "A". Me dejan salir de la celda y me escoltan al interior del juzgado después de checarme otra vez. Allí están mi abogado y la perra esa, la Blackheart.

Mi abogado repasa los terminos de la fianza y el juez le pregunta a la procuradora si está de acuerdo. ¡Claro que sí lo está! pienso yo, ella hizo el maldito acuerdo. Básicamente, como nadie me ayudó salir bajo fianza, tuve que firmar por mi fianza para llegar al nacimiento de mi segundo hijo. A cambio de poder firmar por mi fianza, tuve que rehusar el derecho de pedir una sentencia menor de acuerdo a una ley que dice que puedes disminuir tu sentencia si puedes alegar "buena causa". Básicamente, este trato, el de la perra sarnosa de Blackheart costó a los ciudadanos que pagan impuestos unos $36,450 más de lo que debía de haber sido. Si hubiera podido argumentar por una sentencia más corta me hubieran dado como unos tres meses. Pero sin esa posibilidad estoy viendo una sentencia de 18 meses hasta tres años, un año con suerte.

Se observó todas las formalidades del juzgado y ya fijaron mi fianza. Miro alrededor del juzgado y por primera vez noto que soy el único allí. Sólo los abogados, el mariscal federal, el juez y su reportero estaban allí. Le susurro a mi abogado y me informó que despejaron el juzgado antes de mi comparecencia y que normalmente hacen eso cuando no quieren que nadie sepa de lo que sucede en un caso. Qué extraño. ¿De qué tenían miedo? Ahora de veras me siento como Ricardo Flores Magón. Y soy su tocayo. Tal vez fui él en mi vida pasada. Sino esta vez soy un pollero gringo cruzando su gente por la línea a este país. Los braceros modernos.

Así que soy enemigo el estado numero uno. Tan peligroso que necesitan despejar a un juzgado federal para que no infectara a nadie con mi política. ¡Vaya! Ni modos. Mi abogado me sonríe mientras me escoltan afuera. En unas horas estaré fuera y con un boleto de camión a Oregon en la mano.

Me llevan otra vez a la celda de espera. Tengo que esperar mientras llevan a uno tras otro a sus comparecencias. Cuando vuelvan les pregunto si está lleno el juzgado o no. Lleno. Lleno de miembros de sus familias y otros del público. ¡Vaya! Me siento especial. En cuanto terminamos nos llevan otra vez al sótano a esperar a que nos transfieran a MCC o Wackenhut. Mientras esperamos nos dan lo que llamo yo el almuerzo de 10 centavos: una manzana agria y un sándwich de un solo trocito de salchicha con un trocito de queso sin sabor, todo con un chingo de mayonesa. Todo por un costo máximo de 10 centavos.

Estamos contando chistes mientras esperamos. Así que le cuento unos a Lomas para que los lleve con él a Wackenhut.

- Oye, Lomas, le digo, sesenta por ciento de los hombres "chaquetean" en la ducha, el otro cuarenta por ciento cantan una canción especial que saben, ¿sabes cuál es?

-No, ¿cuál? dice ingenuamente.

-No manches, no creía que supieras la canción. Necesita un momento para darse cuenta y de allí se ríe mucho y dice, "Sí ese, no voy a mentirte, he estado en la cárcel la mayoría de mi vida adulta así que, simón que masturbo en la ducha". De hecho tantos lo hacen que venden zapatillas para la ducha para que no pises esperma. Y en MCC especialmente las necesitas, no sólo por el esperma flotante, sino por los gusanitos verdes que suben de la plomería a comérsela. Hubo un momento en mi estancia que "Curly" me preguntó si masturbaba. Cuando le dije que no se espantó.

-Oye, eso es lo que te pasa buey. Necesitas hacerte una o te volverás loco en esta madre. Neta, vete ahorita mismo a hacértela, verás que bien te sentirás después. Solo podía reírme. No podía decirle a un hombre como él que de hecho es al revés, que cuando uno se masturba se pone más loco y agitado. No lo entendería.

Les conté otro chiste. Esta vez les tenía a todos riéndose. Fue un chiste de un trailero que me levantó en Tepic, Nayarit y me llevó a Nogales, Arizona casi.

-¿Por qué no hay mexicanos en las Olimpiadas?- le pregunté.

-No sé, ¿Por qué?- dice el Lomas.

-Porque todos los mexicanos que pueden correr, nadar y brincar ya cruzaron- ¡Vaya que pandemonio! Tanto que el mariscal tuvo que venir a ver qué pasaba aunque nos veían por cámara también. Cuando te puedes reír en la cárcel, es cuando parece que el tiempo pasa un poco más rápido. Si sólo vas a estar allí llore y llore, olvídalo. Se llama "tiempo duro". Y nadie quiere eso. Así que, si vas hacer "tiempo duro" guárdalo para la media noche y llora en tu almohada calladamente para que nadie te escuche. Porque es bastante difícil sin esa clase de mierda.

Por fin los mariscales se ponen las pilas y vienen por nosotros. Esposados y esculcados por última vez, caminamos por el túnel una vez más, la última vez. Cuando llegamos a la puerta de MCC nos preguntan nuestros nombres y números.

Otra vez en la unidad, fui directo a mi litera y empecé a enrollarla , levantarla. Ya me voy para afuera. Curly y Chicharrón, los jefes de los güeros y los paisas, se acercan y me preguntan cómo me fue.

-Muy bien. Tengo buenas noticias muchachos. Ese güey ya está en hospital. Le chingaron bien fuerte el otro día porque se dieron cuenta de que era una rata.

Les hubiera visto la cara cuando les dije. Como dos niños en la escuela que acaban de escuchar que no hay clases el resto de la tarde, sólo dulces y caramelos. Como he dicho, alguna de esa gente merece estar aquí, no hay duda. Solo necesitamos un Sistema Judicial mejor de lo que tenemos para averiguar quiénes de veras merecen estar allí y quienes que no. Y no es necesario gastar 50,000 millones cada año para encarcelar a ilegales. Que despilfarro. 50,000 millones al año podrían resolver muchos problemas si fuera el propósito. Pero no es así.

Estoy feliz. Estoy feliz que estoy ya casi fuera de aquí, en unos minutos. Mientras voy empacando las pocas cosas que tengo, ellos me piden las cosas que no voy a llevar conmigo. Sabanas extras, calcetines, champú, sopas y comida. Lo divido todo y se los doy. Ellos se encargarán de repartirlo todo entre los que necesitan esas cosas. Es así como funciona. Si cree que nuestra sociedad es política, la cárcel es aún más. Sino no hay democracia solo oligarquía, reino de los más fuertes. Intenté mitigar eso un poco mientras estaba dentro. Solía dar mi comida al más pobre o hambriento o enfermo. No al más grande o fuerte. Eso se le enojó a algunas personas, pero al final se dieron cuenta que no me iba a conformar con lo que querían ellos. Un paisa me dijo: "aguanta hasta que llegue a la pinta, allí estará haciendo lo que nosotros le decimos."

"Hasta ese entonces, yo haré lo que a mí me da la gana," le dije. Hasta una vez un guardia me lo dijo después de que le hablé feo por ser un pendejo conmigo.

-Pues, como no estoy en ni una pinta ni María ni la niña, al carajo contigo.

Le chingué. Eso fue en mi penúltima día y estaba hasta la madre de estar allí porque se le había ido al edificio el aire central en los últimos 48 horas y algunos de nosotros estábamos empezando a sentirnos mareados por la falta de oxigeno. Fue una gran emergencia porque la cárcel se tuvo que cerrar en todas sus áreas y abrir las puertas principales del edificio para dejar que el aire de afuera pasar al interior, para que llegara a circular por todos los pisos. Sólo para que no nos sofocáramos. Alguien había dicho que fue porque el MCC no tenía los fondos para pagar su cuenta de electricidad. Todos reíamos. Luego descubrimos que una rata (literalmente) se había metido en una de las unidades de aire acondicionado y causó que se trabara el sistema de alguna manera y tuvieron que venir a repararlo y sacaron el cuerpo electrocutado de la rata. ¡Vaya las ratas chingan todo!

Curly y Chicharrón se despidieron. Estaban contentos, tenían su venganza y algunas cosas "nuevas". Pops empezó a llorar. "No quiero que te vayas," dijo entre las lágrimas.

"Eso no es un buen deseo Pops," dijo el Indio con una sonrisa.

"Yo sé, pero él ha estado aquí, nos ha ayudado mucho para que fuera un poco más ligero para el resto de nosotros y ahora cuando se vaya, tengo miedo de que nos separen y nos manden a pisos distintos y no tendré a nadie."

"Siempre estaré allí para ti Pops. Cuando tú salgas solo búscame y yo te cuidaré. No lo había hecho por mi propio padre así que debo de hacerlo para alguien. Y no te preocupes, siempre habrá alguien aquí para ti adentro." Me sentí mal por él. No quise decirle lo que veía en realidad. Siempre intente elevar a los pisados. Nunca intentas pisotearles más una vez que están al suelo. Esa es lección mi ex suegro la está aprendiendo mientras lees estas palabras.

Mi amigo Juan estaba esperando hablar conmigo. En secreto le había dado la mejor de mis cosas. Estaba muy agradecido ese viejo. Pobrecito. Hasta la fecha, todavía está allí. Esperando a un juicio que no vale nada. Sin fianza. Jamás olvidaré la crueldad de este gobierno aunque sé que debo de perdonar u olvidar o algo así. Algo que aprendí de mis enseñanzas de yoga. Algún día.

"Hermano, tengo cien dólares esperándote cuando salgas de aquí hoy." Siempre decía cosas así. Siempre estaba diciéndonos al grupo que todos sus cuentos se iban a incluir en un libro una vez que saliera y lo escribiera. Y una vez que se lo publicaran iba a donar las ganancias para que el mundo fuera más habitable para todos. Por eso estoy escribiendo este libro, porque sé que tal vez nunca tuvo la oportunidad ni salir de la cárcel antes de su muerte. Y no se puede esperar más. No hay la necesidad de más sufrimiento en este mundo, especialmente el sufrimiento que pasa todos los días en el nombre de Jesús. Todos esos cristianos que reclaman guerra deben recordar las palabras de su salvación: "cuando tu enemigo te pega en la mejilla, dele la otra" No dijo, "¡y cuando tu enemigo te pega *chinga su madre* y tírale una bomba nuclear!" No me acuerdo haberlo leído así en la Biblia.

Así que, dele la otra mejilla. Y no estoy hablando de tus nalgas obesas tampoco. Estoy hablando de seguirle el espíritu verdadero de su mensaje. Si devuelves el favor, y atacas, solo prolongas y perpetuas el mala karma. En no responder, "dando la otra mejilla", minimizas tu karma negativo. No me tomes mal, no soy uno de esos que anda por allí predicando y haciendo proselitismo de la Biblia. Solo soy alguien que cree que Jesús era un hombre especial y tenía un mensaje importante para todos.

¿Cómo es que tienes 100 dólares esperándome? le pregunté. No le creía pero siempre me gustaba probar a ver que me decía la gente. Y Juan estaba haciendo esos cuentos últimamente.

"Ya verás, está esperándote en la estación de camiones. No dudes de la palabra de un guerrero espiritual mi hermano."

Ok, no lo haré hermano Juan. Parecían las palabras de un anciano que quisiera tener más "jugo" de lo que tenía. Ni modo, continuaba alistándome para salir. Hice mi último pis, e hice mi última ronda para despedirme de los hombres que sabían que me iba.

Pero ya todos sabían que me iba. Porque, todas mis cosas estaban enrolladas en la litera y listas para irme. Fui a despedirme de Octavo. Estaba muy contento por mi partida. Estaba casi fuera de aquí también. En unos cuantos días después de que me vaya, habrá pasado su juicio y le declararán inocente. De ahí a Tijuana buscando la venganza y en el proceso volverse uno de los capos más grandes y gachos de Tijuana. Es que, si matas al jefe y tienes mucho dinero, te conviertes en el jefe . Y me temo que eso es lo que le pasó a él. Pero eso es un cuento para otro libro.

- ¡Eh, espero que salgas de aquí pronto!

- Sí lo haré. Y no te quiero ver aquí dentro jamás tampoco. Ni quiero escuchar de ello. Tu esposa y tus niños te necesitan. Así que no hagas chingaderas Alevizos o te voy a madrear. ¡Ahora lárgate de mi vista!

- Ok, Octavo. Nos abrazamos y cambiamos números telefónicos. Pensé que nunca iba escuchar nada de él otra vez. Pero sí le alcancé antes de que se desapareciera de la faz de la tierra. Quién sabe, tal vez en la cárcel debajo de otro nombre o viviendo escondido en la subcultura de Tijuana.

Un mexicano muy chico se acercó. Lo llamaron Chapo. En serio, era como un enano casi. Era a él a quien daba mi comida a veces. Me abrazó también. Era un caso duro. Era de Chiapas y no tenía ni dinero ni parientes para llamarles porque de donde era no tenían ni luz, ni teléfono. Así que de veras estaba solito en el mundo. Siendo de Chiapas estaba acostumbrado a comer más fruta y por eso le daba la mía. Casi nunca la guardé para mí. Y si no podía llegar a él, la regalaba a cualquier otro enfermo o viejo. Parte de mi servicio sin egoísmo para las almas perdidas de MCC. Yo sé que en la cárcel quieren que sufras. Pero no deben de estar matándote con los productos que no te alimentan correctamente.

- "Hasta Luego Chapo." Nunca llegué a conocer su nombre verdadero ni apellido, pero en un lugar como este no hacía falta.

"Hasta luego gabacho." Y se fue.

De ahí nos llegó la cuenta de la tarde. Un poco temprano me parecía. Solo eran las tres y cuarto y la cuenta no se debe hacer hasta las cuatro. En el rancho unos mexicanos se acercaban, Don Chuy estaba entre ellos. Él tenía un chingo de hijos en casa. Podía ver en sus ojos que él quisiera estar en mi lugar. Todos lo quisieron. No había ni un hombre aquí que no quisiera estar saliendo a la calle como yo.

Topos se acercó y me dio las gracias por haberle enseñado como ponerse parado de cabeza. Le llamaron Topos porque era de Topolobampo.

Uno de los Colombianos, el Changarro, a quien había ayudado con su caso, me agradeció otra vez por toda mi ayuda, conseguí que le dieran una sentencia más ligera de lo que esperaba. Le llamaron changarro porque en serio, tenía unas orejas enormes. Si hubiera logrado cruzar con toda esa coca, hubiera podido hacerse esa cirugía plástica como cualquier rico en Beverly Hills. Apuesto que lo merecía más que cualquier rico.

Félix se acercó y me abrazó. No dijo nada. Su labio menor estaba temblando. Era demasiado joven a que le mandaran a una pinta de máxima seguridad por seis años. Y solo por dos kilos de coca.

Le sonreí.

-Ahora, no te metas con putos así no agarras piojos cabrón. Se rió y en ese momento se alumbró su cara.

Por primera vez, ya que me iba, podía ver la desesperación en sus caras. De alguna manera les había ayudado. Por yoga, traducir aconsejarles o sólo escuchar. O enfrentándome con los guardias y dándoles mi cara por ser inhumano (¡y que no me llevaron al hoyo!). O porque les hice reír con mis chistes.

Me llamaron y salí al área principal, en medio sólo con uno más que salía este mismo día. Todos los prisioneros se pusieron contra las rejas y empezaron a gritar nuestros nombres y despedirnos. Podía ver todas sus caras como si fuera de lejos. Un collage de desesperación.

Algunos estaban silentes, como Félix, quien estaba parado allí mirándome con una sonrisa triste en su cara. Sabía lo que estaba pasando en su mente. Seis años. En un momento le dije que se animara porque tal vez solo le dieran tres años.

Juan estaba allí con su mano elevada como Jesús, con dos dedos doblados en la palma. Estaba diciendo silenciosamente las palabras: "Ya verás." Una lágrima se le caía. Debe de haber sabido el largo y duro camino en lo cual se tuvo que emprender.

Los cuatro ranchos estaban llenos de hombres mirándonos. Principalmente a mí. Les di mi aullido más fuerte "Aaaaaaaah Haaaaaa Aiiiiiiiiiiii," y grite "Hijos de la Malinche". Y respondieron con un rugido colectivo de "Hilo cabrón." Y volvieron a decirlo hasta que nos sacaron los guardias de ahí. Tenía suerte de que los oficiales de la cárcel no quisieron llevarme cargos en mi contra por haber iniciado un mitin en la cárcel.

Pasamos afuera y la puerta de la unidad se cerró detrás de nosotros con una finalidad. Esperamos en silencio al ascensor. La puerta del ascensor se abrió y ¿quien estaba delante de mí? El oficial Butridge.

-Richie de Oz. Así que te dejan salir. Se veía que estaba enojado.

-Si, al parecer tu sentencia aquí va a ser más larga que la mía.

- No le hace, dijo, "volverás".

-Ni loco, Pero usted sí estará trabado por años venideros. Y ocho horas al día usted va a gastar un tercio de toda su vida en la cárcel mientras yo estoy afuera riéndome de ti y tu salario tan chico." Lo dije en una voz muy callada.

-Ya veremos amante de mexicanos. Estaba intentando encontrar la manera de enojarme pero no pudo. Era demasiado tonto. Era un ignorante y sólo podía estar agradecido de que lo fuera.

Llegamos al segundo piso donde me metieron en una celda para esperar a mis cosas. A la celda le habían aplicado nueva pintura recientemente. Era muy bueno para mí, ya que tenía un lapicero conmigo. Tanta gente dejaba grafiti pintada en estas paredes que periódicamente tenían que pintar todo de nuevo. Con estas paredes limpias hice milagros. Deje mi apodo en todos lados para que cuando bajaran reos en las próximas semanas vieran mi nombre para que se acordaran de mí para que les diera una risa de memoria.

Esta parte de dejarnos ir hasta el último momento en custodia era muy interesante. Es como si no te quisieran soltar o algo. Tu presencia es como seguridad de trabajo para ellos y si te dejan salir tal vez no tienen trabajo mañana. Así que de veras parece que odian dejar salir a los prisioneros. Y alargan todo el proceso tanto que casi duele. Pidiendo tu número de seguro social múltiples veces y tu número de reo. Así que, como se portaban como unos odiosos, yo también hice mi parte para que todo fuera más lento. Cada vez que repetía mis números lo hacía tan lento que se enojaron. Se frustró uno tanto que hubo un momento en que me dijo: "Te veremos aquí otra vez pendejo y de allí de veras sufrirás."

-No creo, pero sigue soñando."

Por fin me escoltaron a la planta baja de MCC. Salí a una tarde fresca de Octubre. Mi primer instinto era para mirar hacia arriba a ver si podía ver alguna cara en las ventanitas. De ahí empecé a caminar y no miré hacia atrás. Y no vi a MCC otra vez hasta que regresé para ver lo de mi sentencia.

Camine algunas cuadras hasta la estación de camiones y recogí mi boleto y de sorpresa un sobre con cien dólares también.

"Bendita sea su alma," es sólo lo que podía decir. En ese momento algo extraño pasó. Un hombre se acercó y se identificó como alguien que conocía a la gente que me había pedido que cruzara la mujer.

- ¿Qué quiere?

- Ven a Tijuana, tienen otro trabajo para ti para que puedas ganar un dineral.

-Si tiene el dinero ahora en adelantado. Sabía que no tenía estaba cotorreándolo.

- No, no tengo dinero conmigo en este momento.

-Bueno diles que me lo manden por Western Unión y de allí vemos.

-Ok, fue todo lo que dijo y se fue. Nunca se pusieron en contacto conmigo otra vez. Fue como una tentación del destino.

Después de un viaje de 24 horas en camión y tres y media en un carro con una persona que fingía ser mi amigo, por fin llegué a Bend Oregon. Mi plan era llegar a tiempo para estar allí para mi segundo hijo. Estuve allí para mi primero y yo fui la primera persona en tocarle y lo saqué yo mismo de su madre.

Pero esta vez, no tenía la buena fortuna estar allí en el momento de su nacimiento. Llegué dos horas tarde. Su madre había dado a la luz en casa en agua. El parto duró tres horas y media. La mayoría del tiempo lloró y no dejó la mano de su partera. Con sus lágrimas salió todo el sufrimiento de haber perdido nuestra casa, nuestro negocio y que crucé la frontera. Había hecho un error. Cuando estaba en un aprieto hice una decisión y pagué por ella. Y mi familia también.

¿Y la gente de México y otros países que crucen la frontera todos los días buscando lograr sus sueños en la tierra de oportunidad? ¿Y sus familias? ¿Desde cuándo ha sido la tierra de la oportunidad solo para unos cuántos? Se necesita a esa gente. Sin ellos se deja sin hacer ciertos trabajos necesarios para el buen funcionamiento del país. ¿Necesitamos comer frutas y legumbres? ¿Te gusta comer comida rápida? ¿Quieres comprar productos baratos? Con el enfoque en la frontera estamos evitando asuntos importantes y reales. Asuntos como educación, seguro médico, responsabilidad empresarial, y el medioambiente. Desafortunadamente nuestra sociedad sabe muy bien vivir en la ignorancia. Y si no se puede vivir así, evitan, niegan o proyectan y en algunos casos extremos si no es suficiente, invalidan y o matan. Es como funciona este sistema fascista que tenemos. En vez de ese neo-fascismo tan egoísta yo digo:

Déjanos amar a nuestros vecinos como nos amamos a nosotros mismos. Es tiempo de dejar el concepto de que tenemos que estar en control de materiales y recursos y dejar de buscar el dominio de otros. Tenemos que enfocarnos en proveer las necesidades básicas a todos. Tenemos que estar luchando en contra de los crímenes de avaricia. Nosotros los pobres, la población afectada por la pobreza de la tierra, tenemos que levantarnos y procurar la sobrevivencia de la especie. Nuestras cárceles deben de estar llenas con la gente que no nos da nada y que a la vez toma más de lo que necesita de nosotros. Nuestras cárceles no deben de estar llenas de gente que casi no tiene nada y solo logra sobrevivir día a día.

POSTDATA

Una nota de aprecio de los ricos;

Vaya, vamos, jamás ganarás a la lotería. Pero, las probabilidades indican que vas a trabajar como un esclavo el resto de tu vida en un trabajo miserable. Eso es porque probablemente naciste en el grupo económico equivocado. ¡Lo siento!

Por eso, no tienes la educación, crianza, conexiones, apariencia ni el buen gusto de ser un rico como nosotros. De hecho, necesitarías un libro del tamaño de la guía telefónica para que quepa la lista de injusticias que nosotros los ricos hacemos. Los ricos estamos contentos al saber que ustedes los pobres todavía creen en esos cuentos de hadas que se llaman "justicia" e "oportunidad igual" en América.

En un sistema social jerárquica como él nuestro nunca ha habido mucho espacio aquí arriba. ¡Lo siento mucho! Y ya está ocupado por nosotros, los ricos y nos gusta tanto que es nuestra intención seguir ocupándolo.

Pero por lo menos siempre hay alguien más bajo en la jerarquía social para que puedas sentirte superior y darles patadas en los dientes de vez en cuando. Hasta un lavaplatos puede encontrar alguien más bajo a quien se le puede pegar u ofender. Así que, que sean agradecidos los trabajadores ilegales, putas y los desamparados.

Siempre recuerda, que si todos estuvieran seguros económicamente y privilegiados socialmente como nosotros, no habría a nadie quien se le podría meter en esos trabajos feos, peligrosos y mal pagados en nuestra economía. Y nadie lucharía en nuestras guerras tan importantes, y nadie quien seguiría a las órdenes ciegamente en nuestras instituciones corporativas totalitarias. Y desde luego, nadie iría humildemente a su tumba sin haber vivido una vida llena y creativa. Así que, ¡síguele haciendo ese buen trabajo!

También, más probable no poseas el mismo deseo compulsivo avaricioso de poseer mucha riqueza, poder y prestigio como nosotros los ricos. Y aunque sinceramente deseas cambiar la manera de la cual vives, tienes miedo del mismo cambio que deseas. Así que pasa la vida jugando el rol asignado, miedoso de lo que dirían los demás si rompes la "forma".

Por su puesto, los ricos te utilizan uno contra el otro cuando les conviene: trabajadores bien pagados contra los no bien pagados, agremiados contra no agremiados, negro contra blanco, hombre contra mujer, trabajadores americanos contra japoneses contra mexicanos etc. y etc. Los ricos constantemente bajan los sueldo invocando "competencia extranjera", "la ley de oferta y demanda", "seguridad nacional", y el "pobre déficit federal". Y si no te preocupas, los ricos te van a llevar al panteón de los trabajadores inútiles por haber roto con la línea corporativa o por haber perjudicado a las ganancias de la empresa.

Y como si fuera un descanso del chantaje económico diario por el que pasamos, los ricos nos permiten participar en sus juegos de trampas electorales mejor conocidas por nosotros, la gente las piensa, como "elecciones limpias". Y que bien que no tiene ni idea de lo que está pasando- en vez de darte cuenta culpas a "mayates", "judíos", "emos", "reinas de cupones" y otros incalculables más por su situación.

Los ricos están muy contentos que a muchos de los pobres todavía tenemos la "ética" de trabajar, aunque la mayoría de los trabajos en nuestra economía hacen pedazos al medioambiente, perjudican a su salud física e emocional y básicamente chupan de la única vida que tienes. Los ricos no saben mucho sobre trabajar, pero seguro que están alegres que tu sí.

La vida podría ser diferente. La sociedad podría ser organizada de manera inteligente para que cubriera las necesidades básicas de toda la gente, no solo unas cuantas. Tú y otros como tú podrían luchar en colectivo para liberarse del dominio de los ricos. Pero la mayoría jamás pensarían en eso. Va más allá de su imaginación que piensen que hay otra manera de vivir. Y eso es más probable el éxito más grande que han tenido los ricos- robarles su imaginación, su creatividad y su habilidad de pensar por ti mismo.

Así que, desde el fondo de sus corazones sin fondo, a los ricos les gustaría agradecerles a ustedes los pobres. Tu sacrificio leal hace posible su lujurio corrupto. Tu trabajo hace posible funcionar su sistema y ahora mismo están en algún lado en sus yates dando las gracias de que tú sepas tu lugar aun sin saberlo.